ドタバタ関ヶ原

れきしクン
長谷川ヨシテル

柏書房

まえがき

世の中にたくさんある歴史本の中から拙著を手に取っていただき、ありがとうございます！著者の「れきしクン」こと、長谷川ヨシテルです。

柏書房から出版しているシリーズは、この度おかげさまで第四弾となりました。

武将たちのダメダメな史実や逸話をまとめた『ポンコツ武将列伝』、歴代の征夷大将軍《せいいたいしょうぐん》三十九人の生涯を、残念なエピソードとともにまとめた『ヘッポコ征夷大将軍』、全国八十六ヶ所のお城をちょっと変わった視点からまとめた『ヘンテコ城めぐり』と出させていただきましたが、それに続く最新作となっております。

いやー、うれしいです。何がうれしいって、私にとって今回のテーマである「関ヶ原の戦い」は特別だからなんです！

歴史にどハマりし始めた二十歳（遅咲きなんです・笑）の時に、何げなく司馬遼太郎《しばりょうたろう》さんの歴史小説『関ケ原』を購入。豊臣秀吉《とよとみひでよし》の死後、老獪《ろうかい》な徳川家康《とくがわいえやす》に対抗して知略を巡らすも、不器用ゆえに武断《ぶだん》派の大名たちに疎《うと》まれ、関ヶ原の戦いで大敗して処刑されてしまう石田三成《いしだみつなり》が大好きになりました。

それから二年後くらいのことでしょうか。ふと「関ヶ原に行こう！」と思い立った私は『関ケ原』を片手に、お金もないので新幹線ではなく鈍行《どんこう》で現地まで向かい、石田三成が陣を張ったという笹尾山《ささおやま》から古戦場を眺めたものです。

それから八年後、なんと関ヶ原の戦いにまつわるイベントに呼んでいただいたんですが、イベント中に関ヶ原ゆかりの武将の甲冑《かっちゅう》を着てよいという話になりました。もちろん私は超即決！　石田三成の甲冑を身にまとってイベントに出演させていただき、合間のお昼休憩は弁当を食べずに笹尾山へダッシュで向かい、記念撮影しました（笑）。とっても良い思い出です。

ちなみに、カバー袖《そで》にある本書のプロフィール写真は、そのイベント時のものです！


さて、そんな大好きな石田三成と関ヶ原の戦いにまつわる書籍を出せるということで、感謝以外何もございません!!

あ……、ウソです、ありました（笑）。

本書を読んでいただき、私のように関ヶ原の戦いや武将たちをさらに好きになってもらい、関ヶ原の戦いや各武将たちの専門書に手を伸ばしていただいたり、ゆかりの史跡を巡る旅を楽しんでいただけたりしたら最高です。

また、各武将には、独断と偏見で〝DOTABATAパラメーター〟なるものを五段階（MAXが五つ星）で付けさせていただきました。

それでは、関ヶ原の戦いをめぐる戦国武将たちのドタバタ劇をお楽しみくださいませ！

長谷川ヨシテル

目次

第二部
関ヶ原場外乱闘

第三部
西軍武将列伝

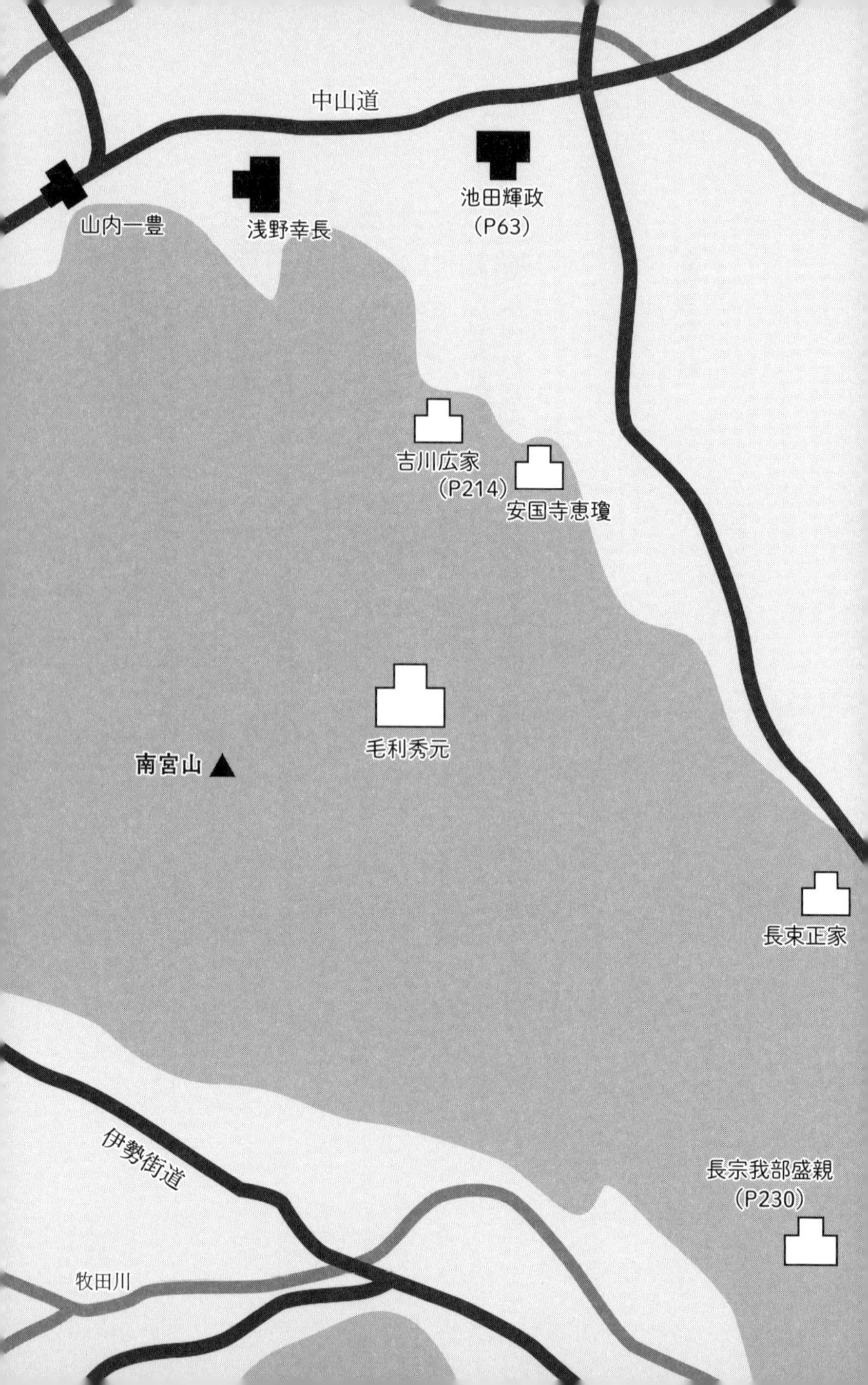
中山道
山内一豊
浅野幸長
池田輝政
（P63）
吉川広家
（P214）
安国寺恵瓊
毛利秀元
南宮山
長束正家
長宗我部盛親
（P230）
伊勢街道
牧田川

関ヶ原布陣略図

■=東軍　□=西軍

地図の左上部、東西約４キロ、南北約２キロの関ヶ原台地で繰り広げられた天下分け目の決戦！

(布陣には諸説ありますが、ここでは通説をもとに作成しました)

長谷堂城の戦い
（北の関ヶ原・P115）
白石城の戦い（P113）
会津
松川の戦い（P115）
浅井畷の戦い（北陸の関ヶ原・P185）
上田城の戦い
（P43）
小山
郡上八幡城の戦い
（P139）
江戸
関ヶ原本戦
安濃津城の戦い（P151）

全国各地で起こった〝関ヶ原〟

「関ヶ原の戦い」は美濃の関ヶ原で起きた合戦だけではなかった！東北、東海、北陸、中国、四国、九州――全国の様々な場所で起こった〝関ヶ原〟の戦場をチェック！

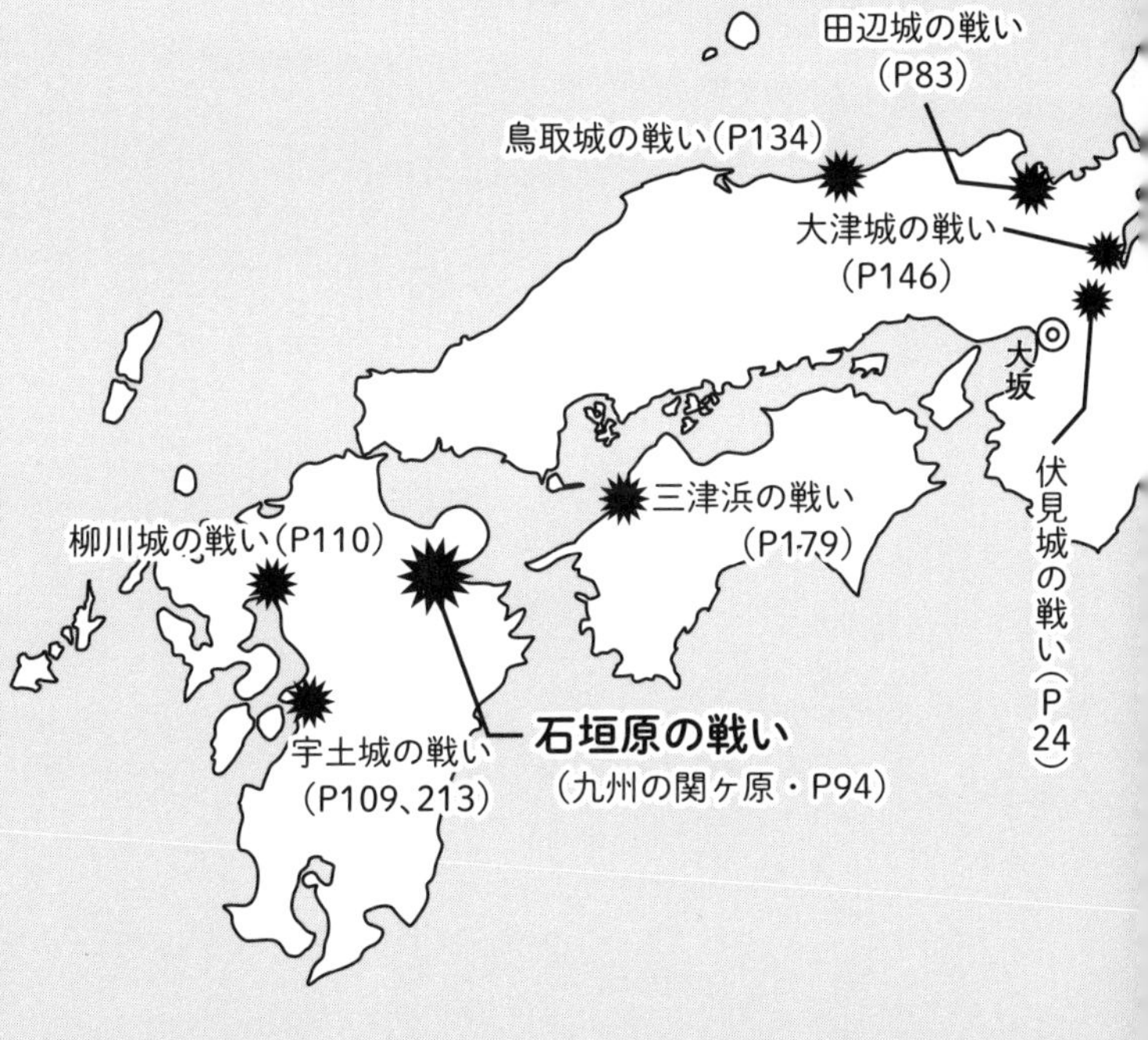

装丁
藤塚尚子（e to kumi）

装画・本文イラスト
花くまゆうさく

プロローグ
Road to 関ヶ原！
――天下分け目の決戦に至るまで

〝天下分け目〟の「関ヶ原の戦い」が起こるきっかけと
決戦までのプロセスは果たしてどういったものだったのか？
関ヶ原の２年２ヶ月前から時を進めていきます！

○「豊臣政権」内の熾烈な〝マウント〟争い

日本史の中でも超メジャーな合戦である「関《せき》ヶ原《はら》の戦い」。

〝天下分け目の戦い〟とも称される関ヶ原の戦いは、一六〇〇年（慶長五）九月十五日に日本各地の大名たちが、東軍と西軍に分かれて関ヶ原（岐阜県関ケ原町）を戦場にして戦った合戦です。

そのきっかけとなったのが「豊臣秀吉《とよとみひでよし》の死」です。

一五九八年（慶長三）八月十八日に天下人の秀吉が死去すると、豊臣政権の中軸を担った有力者たちの間で、次期政権の主導権争いが起こります。

その有力大名たちを「五大老《たいろう》」と「五奉行《ぶぎょう》」といいます。

五大老　徳川家康《とくがわいえやす》・前田利家《まえだとしいえ》・毛利輝元《もうりてるもと》・宇喜多秀家《うきたひでいえ》・小早川隆景《こばやかわたかかげ》→死後は上杉景勝《うえすぎかげかつ》

五奉行　石田三成《いしだみつなり》・増田長盛《ましたながもり》・長束正家《なつかまさいえ》・前田玄以《まえだげんい》・浅野長政《あさのながまさ》

秀吉は遺言で、五大老に「返す返す秀頼のこと、頼み申し上げます」とまだ六歳の遺児・豊臣秀頼《ひでより》の成長を見守り、サポートしてくれと頼み、「委細は五奉行に言い渡しました」と五奉行には政権の実務&運営を任せました。

ちなみに、「五大老」や「五奉行」という言葉は、江戸時代から定着したもので、当時はそういった呼び方はされませんでした。大老は「年寄《としより》」(宿老《しゅくろう》などとも)と呼ばれていて、「奉行」よりも格上のポジションと考えられていたそうです。つまり「年寄>奉行」の認識です。

そのため五大老は、格下に見ていた五奉行を「奉行」と呼んでいたのですが、五奉行は逆に五大老を下に見て「奉行」と呼んでおり、自分たちのことを「年寄」と称していたんです。つまり、五大老から見たら自分たちが「年寄」、だけども五奉行から見たらこっちが「年寄」ということです。ということは、どっちも五大老でどっちも五奉行なわけです。実にややこしい(笑)。

とにかく、この〝マウント取り合戦〟が物語る通り、秀吉が思い描いたようにはならず、すぐに豊臣政権はグラつき始めます。

関ヶ原まで、あと二年と二ヶ月!

○台頭する家康、失脚する三成

「五大老・五奉行」十人の中でも、五大老の筆頭だった家康がガツンと台頭していきます。

豊臣政権のルールの一つに「諸大名の婚姻は、秀吉の許可を得た上で決定すること」という項目があったんですが、家康はこれを無視して大名たちと無断で姻戚《いんせき》関係を結びます。

六男の松平忠輝《まつだいらただてる》　→　五郎八姫《いろはひめ》（伊達政宗《だてまさむね》の娘）
姪《めい》&養女の栄姫《えいひめ》　→　黒田長政《くろだながまさ》（官兵衛《かんべえ》の子）
従兄弟《いとこ》&養女のかな（清浄院《しょうじょういん》）　→　加藤清正《かとうきよまさ》
ひ孫&養女の万姫《まんひめ》（敬台院《きょうだいいん》）　→　蜂須賀至鎮《はちすかよししげ》（家政《いえまさ》の子、小六《ころく》の孫）
姪&養女の満天姫《まてひめ》　→　福島正之《ふくしままさゆき》（正則《まさのり》の甥《おい》&養子）

見てわかる通り、結果的に関ヶ原の戦いで東軍に付く大名たちと親戚となり、〝家康党〟ともいえる一派を形成していったのです。

この動きに当然、残りの四大老と五奉行は大反発。一五九九年（慶長四）一月に使者を派遣《はけん》して家康を糾弾《きゅうだん》すると、家康も反発したため、両陣営は激突寸前となります。

ただこの時は、家康と同じく五大老の筆頭だった前田利家と家康が和睦《わぼく》することになり、家康も四大老と五奉行に対して「異議を認める。秀吉の御遺命に背《そむ》かない」という起請文《きしょうもん》を二月五日に提出したため、なんとか静まりました。

ところが、それからわずか二ヶ月後の閏《うるう》三月三日（旧暦では三年に一度、閏月があった）に、前田利家が病死してしまいます。すると、その日の深夜に、五奉行の筆頭だった石田三成の屋敷が襲撃される事件が起きるのです。襲撃した犯人は、石田三成と対立していた七人の武将たち（いわゆる「七将」）でした。

七将メンバー（史料によってバラバラ）
加藤清正・福島正則・黒田長政・細川忠興《ほそかわただおき》・加藤嘉明《よしあき》・池田輝政《いけだてるまさ》・浅野幸長《よしなが》（長政の子）
他に蜂須賀家政・脇坂安治《わきざかやすはる》・藤堂高虎《とうどうたかとら》を入れる場合もある

この事件は、暗殺を謀《はか》った襲撃ではなく、石田三成を政権から排除するための訴訟《そしょう》だったともいわれていますが、この騒動によって石田三成は居城の佐和山《さわやま》城（滋賀県彦根市）へ隠居《いんきょ》することになり、五奉行から除かれ、政権から引退をすることとなりました。

この事件の背景には、二度にわたる「朝鮮出兵」（「文禄《ぶんろく》の役《えき》・慶長《けいちょう》の役」）があったといわれています。

七将と呼ばれる武将たちの多くは、朝鮮に渡って朝鮮・明《みん》（中国）と激戦を繰り広げ、多くの被害を被《こうむ》り続けてきました。二度目の出兵では「蔚山《ウルサン》城の戦い」の大苦戦を受けて、現場の七将たちは「戦線を縮小し、和睦して撤退」と考えていたのですが、秀吉の意見はあくまで「和睦はありえない！　戦え！」という主戦論でした。

秀吉自身は朝鮮に渡っていませんが、秀吉の上意を伝えて監視するための軍目付《いくさめつけ》が派遣されました。軍目付たちは現場の武将たちの意見や軍令違反をそのまま秀吉に伝えると、秀吉は当然激怒。現場の武将たちを激しく咎《とが》め、その領地の一部を没収するなど、現場武将たちに不利な判決が下されてしまいました。

この時に軍目付を務めたのが、福原長堯《ふくはらながたか》と熊谷直盛《くまがいなおもり》、垣見一直《かきみかずなお》という三人の秀吉の奉行でした。

この中で福原長堯は石田三成の妹婿《むこ》（義兄弟）で、熊谷直盛は石田三成の娘婿（妹婿だったとも）だったため、七将たちの怒りの矛先《ほこさき》が石田三成へと向かったと考えられています。

ちなみに、この三人は関ヶ原の時には、決戦前日まで西軍の本陣となった大垣城《おおがき》（岐阜県大垣市）に籠城《ろうじょう》しています。決戦の時にもお城に籠《こも》っていたのですが、城将の裏切りに遭《あ》ってしまい、熊谷直盛と垣見一直は城内で暗殺。福原長堯は降伏して大垣城を出たものの、七将たちの怒りは収まらず切腹、もしくは暗殺されたといわれています。

家康の暴走と恭順、前田利家の死、石田三成の襲撃と引退……。

関ヶ原まで、あと一年と三ヶ月！

○もうどうにも止まらない〝暴走・家康〟

さて、ここからは、ひたすら家康のターンが続きます。

伏見の自分の屋敷にいた家康は伏見城《ふしみ》（京都市伏見区）へと入城。もはやその絶大な権力は天下人そのものだったことから、世間からは「天下殿になられた」と噂《うわさ》されるほどでした。

この時、家康と毛利輝元が起請文を交わしていますが、輝元は十一歳年上の家康との関係を「親子」と表現し、家康は「兄弟」と表現しています。本来は対等なポジションである五大老の二人ですが、家康が完全に毛利輝元を圧倒していることがわかります。

その後、一五九九年の九月七日になると、家康は伏見城を出発して大坂を目指し、大坂城城下にある、空き家となっていた石田三成屋敷に入りました。そして、九月九日の「重陽《ちょうよう》の節句」に豊臣秀頼へと挨拶《あいさつ》をしようとしたのですが、ここでまた事件が！

家康が大坂城を訪れるタイミングを狙って、彼を暗殺しようとする噂が立ったのです。

その噂を調査しているうちに、首謀者は豊臣家の重臣の大野治長《おおのはるなが》・土方雄久《ひじかたかつひさ》、五奉行の浅野長政、そして前田利家の跡を継いだ息子の前田利長《としなが》だということが、五奉行の増田長盛と長束正家の密告によって発覚したのです。

家康は警護の者を増やして重陽の節句の挨拶を行い、どさくさ紛《まぎ》れに、九月二十七日に大坂城内の西の丸に住居を移したのです。

実はこれ、またまた家康による豊臣政権のルール違反。秀吉は、「大坂城は前田利家が入り豊臣秀頼の後見を、伏見城には家康が入り政務を」と遺言していたのです。

しかし、もはや家康を止められるライバルはいません。西の丸に入った家康は後に、本丸に秀吉が建てた天守があるのに、それに対抗するかのように西の丸にも天守を築いています。

ついに大坂城内で政務を執《と》り始めた家康は、自分を暗殺しようとした面々に処分を下しました。

大野治長　下総《しもうさ》（千葉県）に流罪　結城秀康《ゆうきひでやす》（家康の次男）に預けられる
土方雄久　常陸《ひたち》（茨城県）に流罪　水戸《みと》城の佐竹義宣《さたけよしのぶ》に預けられる
浅野長政　五奉行の解任・隠居　武蔵《むさし》の府中《ふちゅう》（東京都府中市）で隠棲《いんせい》

さぁそして、前田利長に待っていたのが「加賀征伐《かがせいばつ》」でした。「天下に大逆あり」として、家康が加賀（石川県）に大軍を送り込もうとしたのです。

ここでちょっと疑問が湧《わ》いてきます。

「あれ？　前田利長は家康の暗殺計画の首謀者なのに、領地である加賀にいたの？」

そうなんです。暗殺には細かな情報のやり取りと計画が必要であるにもかかわらず、遠い北陸の地にいたんです。つまり考えられることは、「利長は無関係。五大老を次々に降伏させていくための家康の謀略？」ということです。

証拠はないのでわかりません。ただ、実に怪しい！

加賀征伐を受けることになった前田利長ですが、家臣を送って必死に弁解。自分の母（芳春院《ほうしゅんいん》。前田利家の正室）を家康への人質にすることで和睦を結びました。和睦といったら聞こえは良いですが、これは事実上の降伏でした。

こうして、五大老の前田利長も家康に屈服。次なるターゲットは、前田利長と同じく領地に戻っている五大老の上杉景勝となったのです。

関ヶ原まで、あと十一ヶ月！

○「直江状」に激怒！　「会津征伐」へ

上杉景勝は〃軍神《ぐんしん》〃とも称される上杉謙信《けんしん》の甥で跡を継いだ人物です。もともと越後《えちご》（新潟県）を領地としていましたが、陸奥《むつ》の会津《あいづ》（福島県会津若松市）への移封《いほう》が秀吉から命じられました。秀吉が亡くなる七ヶ月前の出来事でした。

一五九九年八月に帰国の許可を得て、会津へ戻り領地の整備を行っていた上杉景勝ですが、翌一六〇〇年の二月になると、越後の春日山《かすがやま》城（新潟県上越市）主の堀秀治《ほりひではる》が家臣の堀直政《なおまさ》を通じて、家康のもとへある密告をしました。

「上杉景勝に不審な動きあり！」

上杉景勝が、道や橋を整備し、武器を揃《そろ》えて、新たなお城である神指《こうざし》城（福島県会津若松市）まで築いているという噂が家康に届けられたのです。

これには、上杉景勝が前の居城だった春日山城から年貢をすべて持っていってしまったこともあり（半分は残しておくのがルール）、堀秀治とトラブルになっていたことも関係したようです。

家康はこれを受けて上洛《じょうらく》を促《うなが》しますが、濡《ぬ》れ衣《ぎぬ》である上杉景勝はこれに従いません。

さらに、三月になると、上杉景勝の重臣だった藤田《ふじた》信吉《のぶよし》が上杉家を突如として出奔《しゅっぽん》。「景勝に謀反《むほん》の動きあり」と江戸にいる徳川秀忠《ひでただ》（家康の三男。後の江戸幕府二代将軍）に告げたのです。

藤田信吉は新参の家臣ながら重用され、この年の正月の家康への挨拶係を担当していました。家康との関係を良くするために動いていたのですが、上杉家では「家康に寝返った」と思われてしまい、立場がなくなって出奔したといいます。

上杉家は謀反の噂や上洛命令に対して、側近の直江《なおえ》兼続《かねつぐ》が友人の僧侶（西笑承兌《さいしょうじょうたい》）を通じて、上杉家に対する疑惑を一つ一つ理路整然と否定。上洛を拒否しました。これが、いわゆる「直江状」です（119P参照）。

そして、直江状の内容に激怒した家康は、五月に「会津征伐」を行うことを決めたのです。

関ヶ原まで、あと四ヶ月！

○ついに起こった〝アンチ家康〟のクーデター！

家康は大軍を率いて、六月十六日に大坂城を出陣。七月二日に江戸城（東京都千代田区）へ入り、七月二十一日に会津へ向かいました。

しかし、家康が江戸城にいた間、家康にとっては予想だにしないクーデターが畿内で起きていました。

大坂城に残っていた五奉行の内の三人（増田長盛・長束正家・前田玄以）が、石田三成や大谷吉継《おおたによしつぐ》とともに、家康を政権から追放する動きに出たのです。総大将として招かれたのは、家康の力に屈服していた五大老の毛利輝元でした。

そして、七月十七日には「家康が秀吉の御遺命を守らずに政権を専横《せんおう》している」ことを糾弾する十三ヶ条の書状である「内府違《だいふちが》いの条々」（「内府」は内大臣《ないだいじん》だった家康のこと）が全国の大名へと送られ（203P参照）、関ヶ原における西軍が結成されました。西軍はすぐさま畿内にある家康方のお城を攻め始め、伏見城や田辺城《たなべ》（京都府舞鶴市）で攻城戦が開始されました。

毛利輝元と奉行衆の挙兵の報せを七月二十四日に受けた家康は、引き連れていた大名たちを下野《しもつけ》の小山《おやま》（栃木県小山市）に集めて軍議を行いました。いわゆる「小山評定《ひょうじょう》」です。

ちなみに、最近では「小山評定はなかった！」、もしくは「あったかもしれないけど、通説のようなものではなかった！」という新説が唱えられており、関ヶ原界隈《かいわい》はますます盛り上がりを見せています。ただ、本書では詳しく解説しきれないので、誠に恐縮ですが、この後に「小山評定」というワードが登場したら、「なかったor違ったかもしれない」という言葉を脳内補完してください（笑）。

この軍議の結果、会津征伐は中止。大名たちは家康とともに西上して、毛利輝元・奉行衆と戦うことになったのです。

関ヶ原まで、あと二ヶ月！

○天下分け目の大合戦、その行方やいかに――

東軍は東海道《とうかいどう》を進む家康の軍勢と、中山道《なかせんどう》を進む徳川秀忠の軍勢に分かれて西を目指して進みました。

先鋒隊となった福島正則や池田輝政は八月十一日に、福島正則の居城である清洲《きよす》城（愛知県清須市）に到着。西軍に味方した美濃《みの》や尾張《おわり》の諸城（苗木《なえぎ》城、福束《ふくつか》城、高須《たかす》城、駒野《こまの》城、津屋《つや》城、竹《たけ》ヶ鼻《はな》城、加賀野井《かがのい》城、犬山《いぬやま》城など）を次々と攻略し、八月二十三日には織田《おだ》秀信《ひでのぶ》（信長《のぶなが》の孫）が入る岐阜城を攻め落としました。

またその前後には、全国各地で次のような合戦が繰り広げられています。

七月十八日～八月一日「伏見城の戦い」@京都市伏見区

●〈東〉鳥居《とりい》元忠《もとただ》 VS ○〈西〉宇喜多秀家・小早川秀秋《ひであき》・毛利秀元《ひでもと》・島津《しまづ》義弘《よしひろ》など

七月十九日～九月十三日「田辺城の戦い」@京都府舞鶴市（83P参照）

●〈東〉細川幽斎《ゆうさい》 VS ○〈西〉織田信包《のぶかね》・前田茂勝《しげかつ》・斎村政広《さいむらまさひろ》など

七月二十四日～二十五日「白石《しろいし》城の戦い」@宮城県白石市（113P参照）

○〈東〉伊達政宗 VS ●〈西〉上杉軍（直江兼続）

八月八日「浅井畷《あさいなわて》の戦い」（北陸の関ヶ原）@石川県小松市（185P参照）

●〈東〉前田利長 VS ○〈西〉丹羽《にわ》長重《ながしげ》

八月二十四日「安濃津《あのつ》城の戦い」@三重県津市（151P参照）

●〈東〉富田《とみた》信高《のぶたか》 VS ○〈西〉毛利軍（毛利秀元・吉川広家《きっかわひろいえ》・安国寺《あんこくじ》恵瓊《えけい》）・長宗我部《ちょうそかべ》盛親《もりちか》など

九月一日～三日「郡上八幡《ぐじょうはちまん》城の戦い」@岐阜県郡上市（139P参照）

〈東〉遠藤慶隆《えんどうよしたか》・金森可重《かなもりよししげ》 VS 〈東〉稲葉《いなば》貞通《さだみち》・遠藤胤直《たねなお》→東軍同士の異色の合戦！

遠藤慶隆が城を攻め落とすも、稲葉貞通に奪還され、結果引き分け？

九月六日～十一日「上田《うえだ》城の戦い」@長野県上田市（43P参照）

●〈東〉徳川秀忠　VS　○〈西〉真田昌幸《さなだまさゆき》・信繁《のぶしげ》（幸村《ゆきむら》）

九月七日〜十五日「大津《おおつ》城の戦い」@滋賀県大津市（146P参照）

●〈東〉京極高次《きょうごくたかつぐ》　VS　○〈西〉立花宗茂《たちばなむねしげ》・毛利元康《もとやす》・小早川秀包《ひでかね》など

九月十三日「石垣原《いしがきばる》の戦い」（九州の関ヶ原）@大分県別府市（94P参照）

○〈東〉黒田官兵衛《かんべえ》（如水《じょすい》）　VS　●〈西〉大友吉統《おおともよしむね》

九月十五日〜二十九日「長谷堂《はせどう》城の戦い」（北の関ヶ原）@山形県山形市（115P参照）

○〈東〉最上義光《もがみよしあき》・伊達政宗　VS　●〈西〉上杉軍（直江兼続）

九月十八日「三津浜《みつはま》の戦い」@愛媛県松山市（179P参照）

○〈東〉加藤嘉明（留守居《るすい》の軍勢）　VS　●〈西〉毛利軍（村上水軍《むらかみすいぐん》など）

さて、家康は九月一日に江戸城を出陣して、九月十四日に赤坂（岐阜県大垣市）に着陣しました。

一方、石田三成は八月十一日に大垣城に入城して本陣としていました。家康の着陣を知った西軍は、側近の島左近《しまさこん》のアイディアで東軍の一部に攻撃を仕掛け、勝利を収めたといいます。いわゆる「杭瀬川《くいせがわ》の戦い」です。

ここから両軍が関ヶ原に陣を張った経緯は、江戸時代以降にまとめられたものがベースになっているので、当時の史料からは実はハッキリわかっていませんが、よく語られるのは次のような展開です。

杭瀬川の戦いの後、大垣城では軍議が開かれ、東軍が石田三成の居城である佐和山城を攻め、大坂城を目指す情報が入る。西軍はその動きを防ごうと、十四日深夜に大垣城に抑えの兵を残して出陣し、深夜に関ヶ原に布陣。

この時、すでに南宮山《なんぐうさん》には毛利軍（毛利秀元・吉川広家・安国寺恵瓊）が入り、松尾山《まつおやま》には小早川秀秋が入る。

西軍出陣の情報を得た東軍は、十五日の未明に大垣城を包囲するための兵を残して、決戦の地・関ヶ原へ移動。十五万ともいわれる東西両軍が関ヶ原に集結。

そして、一六〇〇年九月十五日の朝を迎えるのです。

関ヶ原まで、あと三時間くらい！

前日からの雨のため立ち込めていた関ヶ原の霧は、午前八時頃にはなくなり、ついに天下分け目の合戦の火蓋《ひぶた》が切られるのです！

さぁ果たして、東軍と西軍のどちらが勝つのか！（笑）

生き残りを懸けた武将たちの関ヶ原のドタバタな武将列伝、いよいよスタートです！

第一部
東軍武将列伝

関ヶ原の勝者、徳川家康率いる東軍の実情は〝超ドタバタ劇〟だった!?

「なりふり構わず味方を募る総大将」「戦場に遅刻する二代目」

「ウソをついて勝手に先陣する〝親バカ〟名将」

などなど、勝利への悪戦苦闘にズームイン！

徳川家康《とくがわ・いえやす》

一五四二（天文十一）〜一六一六（元和二）

一歩間違えれば大反逆者!?
実は超ギリギリの「関ヶ原」

DOTABATAパラメーター

統率力	☆☆☆☆☆
筆マメ度	☆☆☆☆☆
マウント取り力	☆☆☆☆☆
ドタバタ度	☆☆☆☆

○後世に作られた〃神様〃の虚像

織田《おだ》信長《のぶなが》、豊臣秀吉《とよとみひでよし》とともに〃戦国時代の三英傑〃と称されるビッグネームといえば、徳川家康です。実際にアンケートをとったことはないのでわかりませんが、おそらく「徳川家康を知らない」という日本人を探すほうが難しいのではないでしょうか。

私ごとですが、数年前に上海《シャンハイ》の日本国総領事館で、日本の文化が好きな現地の中国人約百名の方々に戦国武将やお城の講演をする機会がありました。そこで「好きな戦国武将」を何名かに聞いてみると、信長や秀吉よりも家康さんが多かったんです。ちなみに、家康に次いで多かったのは毛利《もうり》元就《もとなり》でした。「三本の矢!」とおっしゃる中国の方もいて、とても楽しかったです。日本のゲームやアニメの影響があったり、過去の大河ドラマを観《み》ていたりと、日本の戦国時代やお城の魅力も中国に届いているみたいです。なんだか嬉《うれ》しいですね!

さて、日本だけでなく、世界的にもメジャーな人物である家康さん。

関ヶ原で東軍の総大将を務めて勝利を収め、三年後の一六〇三年（慶長八）に征夷大将軍《せいいたいしょうぐん》に就任して江戸幕府を開きました。一六一四年（慶長十九）から始まった「大坂の陣」では豊臣秀頼《ひでより》を滅ぼします。その後、江戸幕府は十五代将軍の徳川慶喜《よしのぶ》による一八六七年（慶応三）の「大政奉還《たいせいほうかん》」による終焉《しゅうえん》まで、二百六十四年も続いた長期政権となりました。

この江戸時代の間、家康さんはずっと〝神様〟でした。

私も中学生の時に訪れましたが、修学旅行の定番スポットである日光東照宮《にっこうとうしょうぐう》（栃木県日光市）に家康さんは祀《まつ》られています。家康さんの神号《しんごう》（神としての称号）は「東照大権現《だいごんげん》」。江戸時代には「神君《しんくん》」と称えられました。

つまりは〝絶対的英雄〟だった家康さん。そのため、江戸時代にまとめられた関ヶ原関連の史料には、家康さんや将軍家に気を遣《つか》いまくった超贔屓《ひいき》的な描写がふんだんに練り込まれているのです。

たとえば、西軍に付いた大名家のオフィシャルな史料がそうです。

毛利家の「毛利輝元《てるもと》が西軍の総大将になったのは安国寺恵瓊《あんこくじえけい》の謀略で、本人は知らなかった。家康への敵対心はない」や、島津《しまづ》家の「島津義弘《よしひろ》は東軍に付こうとしていたけど、流れで仕方なく西軍に……。戦う気はなかった」などです。残された一次史料（当時の書状や日記など）には、毛利輝元や島津義弘はどう見てもはじめから西軍の主軸メンバーなので、江戸時代に御家《おいえ》の正当性を確保するために、明らかに気を遣って編集をしている様子が見られます。（毛利輝元は174P、島津義弘は222P参照）。

また、関ヶ原の展開についてもそうです。家康さんの死後間もない江戸時代初期に書かれた

『当代記』には、関ヶ原の戦いは「家康が赤坂（岐阜県大垣《おおがき》市）に着陣→西軍は関ヶ原へ→合戦開始→小早川秀秋《こばやかわひであき》の寝返り→家康が勝利」というように、めちゃくちゃサクッとまとめられています。

ところが、一六五六年（明暦二）成立の『関原始末記《せきがはらしまつき》』や、一七一三年（正徳三）成立の『関原軍記大成』などになるとぐぐーーんと文量が増えて、武将たちにセリフも振り分けられるなど、ドラマチックに展開されていきます。

こうして、いつの間にやら、「関ヶ原の戦い」は〝ドキュメント〟から〝ドラマ〟のような中身に変化していくのです。その物語の中心にいるのはもちろん、江戸時代における絶対的正義の家康さんです。いわゆる「徳川史観」（徳川家が正義であるという歴史観）というやつです。

このフィルターがかけられたことで、敵対した石田三成《いしだみつなり》は反逆者として描かれ、西軍の総大将となった毛利輝元は愚将と描かれがちになりました。

そして現代でも、司馬遼太郎《しばりょうたろう》さんの『関ケ原』（私の非常に好きな小説！）に代表されるように、「家康はすべてを見透かしていた」「石田三成の挙兵を誘うために会津征伐《せいばつ》を計画した」「百戦錬《れん》磨《ま》の老獪《ろうかい》な家康が、戦下手《いくさべた》で人望のない石田三成を容易に倒した」というようなイメージが定着しています。

しかし、当時の家康さんの書状（原本がない場合もありますが……）を見てみると、関ヶ原に臨《のぞ》むまでの家康さんがすべてを見透かした上での「会津征伐→関ヶ原」とは、個人的には思えないんですよね。

皆さんは、どう思われるでしょうか？　以下にご紹介いたします！

○西軍の〝クーデター〟に最初は気づかず？

まず、会津征伐の開始（七月二十一日＝家康さんは江戸城を出陣）の四日前の七月十七日に発せられた「内府《だいふ》違いの条々」（203P参照）です。家康さんに対するこの十三ヶ条の弾劾《だんがい》状は、全国の大名に送られ、いわゆる「西軍」と呼ばれるアンチ家康派の挙兵の狼煙《のろし》となりました。

この西軍の挙兵の規模を知っていく家康さんのプロセスが非常に興味深いんです。

家康さんは江戸城を出陣する以前（七月十二〜十四日）から、上方《かみがた》にいる武将たちからの書状で、西軍が挙兵するような怪しい動きをしていることを噂《うわさ》で知っていました。

しかし、その頃家康さんが把握していたのは「西軍」というような大規模なものではなく、「石田三成と大谷吉継《おおたによしつぐ》が挙兵かも？」というくらいのことだったみたいです。

噂程度のものとして、家康さんは一旦放置して江戸城を出陣。この後に大規模な西軍の挙兵を想定していたら、江戸を出発することはなかったでしょう。

その後、噂は現実となり西軍が挙兵。その対処のために、家康さんはひとまず進軍を中断しました。この中止がおそらく七月二十四日なのですが、その日に福島正則《ふくしままさのり》に宛てた書状の内容が残されています。

「上方で雑説《ぞうせつ》（石田三成と大谷吉継の挙兵の噂）があるので、進軍は止めてください。御自身（福島正則）はこちらまでお越しください」

〝こちら〟というのは、家康さんがいた小山《おやま》（栃木県小山市）を指していて、この翌日に福島正則など引き連れていた諸将を招いて開かれたとされるのが、いわゆる「小山評定《ひょうじょう》」です。現在、跡地と伝わる小山市役所の敷地内に石碑が建てられています。

家康さんは「石田三成と大谷吉継の反乱」の対応のために、会津征伐を中断。息子の徳川秀忠《ひでただ》(後の江戸幕府二代将軍)や重臣の榊原康政《さかきばらやすまさ》(徳川四天王の一人)に後を任せ、西に兵を返すことになりました。

この時の家康さんが想定した〝西軍〟を知るヒントとなるのが、七月二十七日に榊原康政が書いた書状(秋田《あきた》実季《さねすえ》宛)です。

「上方で石田三成と大谷吉継が別心した(背《そむ》いた)ため、大坂より御袋様《おふくろさま》(淀殿《よどどの》＝秀吉の側室)や三人の奉行《ぶぎょう》衆、前田《まえだ》利長《としなが》などから上洛《じょうらく》をするように話が来ている。別心をした両人(石田三成と大谷吉継)を成敗《せいばい》するために(家康は)上洛する。こちらの対処は徳川秀忠に任せ、拙者《せっしゃ》も残る」

なかなか衝撃的なことが書かれています！

この家康へ上洛を要請しているという三人の奉行(増田《ました》長盛《ながもり》・長束《なつか》正家《まさいえ》・前田《まえだ》玄以《げんい》)は、西軍挙兵の狼煙となった内府違いの条々を出した張本人たちなんです。つまり家康さんはまだ、三奉行は味方だと思い込んでいたわけです(五奉行だった石田三成は敵対した武将たちに襲撃されて政権から引退。もう一人の五奉行である浅野《あさの》長政《ながまさ》は家康暗殺計画の首謀者として容疑がかけられすでに隠居《いんきょ》していた)。

家康さんが「内府違いの条々」の存在を知り、三奉行が敵であることを認識したのは、それから二日後の七月二十九日。三人の大名(黒田《くろだ》長政《ながまさ》・田中《たなか》吉政《よしまさ》・最上《もがみ》義光《よしあき》)に書状を送っています。

「大坂奉行衆（三奉行）が別心したという報《しら》せが来たので、その事に関して相談したいです」

おそらくそのタイミングで、西軍には毛利輝元が総大将として担《かつ》がれ、五大老の宇喜多秀家《うきたひでいえ》や、島津義弘、小早川秀秋など西国を中心にした大名たちが集結したことも知ったことでしょう。

つまり、大大大ピンチなわけです！　しかもこれ、何がマズイかというと、家康さんが政権から追放されるクーデターだったということです。

それまでの家康さんはあくまで、秀吉の後継者である豊臣秀頼を後見する〝家康さん政権〟のリーダーだったわけですが、それを、会津征伐の隙《すき》を突いて政権から追放し「毛利輝元政権」が〝爆誕〟したんです。

当時の情勢を記したイエズス会の宣教師の記録（『十六・十七世紀イエズス会日本報告集』）にも「これ以上ありえぬほど巧妙な策略で、内府様を政治から放逐《ほうちく》した」ということが書かれています。

ちなみに、この〝権力者が出陣している間のクーデター〟というのは、家康さんの時に限らず時々ありまして、有名なものとしては、室町《むろまち》時代の一四九三年（明応二）の「明応《めいおう》の政変」があります。

室町幕府の管領《かんれい》・細川政元《ほそかわまさもと》が、仲が悪かった十代将軍・足利義材《あしかがよしき》（後の義稙《よしたね》）が河内《かわち》（大阪府）に出陣している間に、十一代将軍に足利義澄《よしずみ》を擁立《ようりつ》したクーデターです。足利義材はその後、幽閉されて殺されかけたものの脱走。諸国を流浪した後に周防《すおう》（山口県）に逃れ、大内義興《おおうちよしおき》の支援によって再上洛して再び将軍に就《つ》いています（詳しくは拙著『ヘッポコ征夷大将軍』をどうぞ！）。

○「これはヤバいかも……」家康の不安な心持ち

自身に対するクーデターの実態をじわじわと把握していった家康さん。各地の大名たちに送っていた書状の「西軍の挙兵」の表現が変化していっているのも面白い点です。ザッと挙げると次のような感じ。

七月二十六日（堀秀治《ほりひではる》宛）「石田三成と大谷吉継の〝逆心〟」
七月二十九日（黒田長政など宛）「大坂奉行衆が〝別心〟」
八月一日（脇坂安元《わきざかやすもと》宛）「上方〝忩劇《そうげき》〟」
八月十四日（九鬼守隆《くきもりたか》宛）「上方〝鉾楯《ほこたて》〟」
八月二十一日（秋田実季宛）「上方〝鉾楯〟」

最初は石田三成と大谷吉継が〝逆心〟した程度と思っていたところに、三奉行まで〝別心〟していたことが判明。さらに、毛利輝元をトップとした政権がにわかに誕生して、自分が政権から追放された立場ということが発覚。豊臣秀頼の代理としての大義名分を失い、自分が正義ではなくなったため、西軍の挙兵は上方での〝忩劇〟（混乱）と表現。その後は西軍との〝鉾楯〟（合戦）と記載。

個人的には、なんだか家康さんが徐々に自信を失っている印象を受けます（笑）。

そしてこれ、さらに面白いのが、九月十五日の関ヶ原で勝利を収めた後の書状なんです。

九月十六日（香宗我部貞親《こうそかべさだちか》宛）「〝凶徒《きょうと》〟を討ち果たした」
九月二十六日（堀直政《なおまさ》宛）「〝凶徒〟を討ち」
九月二十八日（松浦鎮信《まつうらしげのぶ》宛）「上方衆〝逆心〟の刻」
九月二十八日（六角義郷《ろっかくよしさと》宛）「石田三成の〝反逆〟」

クーデター政権を関ヶ原で撃破して、大義名分とともに一気に自信を取り戻したかのように、西軍の挙兵を反逆として表現し始めているのです。「勝てば官軍」とはよくいったものです。結果的に合戦に勝利したからよかったものの、政権から追放された身で敗れていたならば、家康さんが反逆者となっていたわけです。もしかしたら、そんな時間軸が存在した可能性もあったのかもしれないと思うと非常に不思議です。

○嘘も方便、各武将へ必死の褒賞約束

さて、話を関ヶ原前に戻しましょう。

大ピンチに陥った家康さんは、なんとかして味方を確保しなくてはいけません。

まずは小山評定！

黒田長政と打ち合わせ済みの福島正則が家康さんに味方することをいち早く表明すると、山内《やまうち》一豊《かずとよ》が居城の掛川《かけがわ》城（静岡県掛川市）を家康さんに差し出すことを提案、というエピソードは有名です。

その場にいた大名たちの中に、石田三成と政治的に争って政権から追放した人物（福島正則、黒田長政、加藤嘉明《かとうよしあき》、池田輝政《いけだてるまさ》、浅野幸長《あさのよしなが》など）がいたことも大きく影響したのでしょう。引き連れていた大名たちは、家康さんに味方することに決定したのです。

しかし、それでも安心しきれません。

東軍の代表的な人物である福島正則は、八月五日に石田三成が真田昌幸《さなだまさゆき》に宛てた書状によると、西軍に味方しないかという誘いを石田三成から受けているのです。

家康さんはそれを知ってか知らずか、八月四日に福島正則に書状を送っています。

「尾張《おわり》（愛知県）の明地《あきち》（領主のいない空き地）を与えます」

福島正則は当時、清洲《きよす》城（愛知県清須市）の城主でしたが、自分に味方して戦ってくれるということで、早々に周辺の土地を加増する約束をしているのです。

家康さんからしたら「細かいことは後々《のちのち》！」だったんでしょうか、このタイミングで書かれた「土地あげる！」という、ひとまず味方を確保しておきたい動向がうかがえる書状がいくつか残されています。意訳＆要約するとこんな感じ。

八月十二日（加藤清正《きよまさ》宛）「肥後《ひご》（熊本県）と筑後《ちくご》（福岡県）を与えます」

八月十二日（細川忠興《ほそかわただおき》宛）「丹後《たんご》（京都府）はもちろん但馬《たじま》（兵庫県）を与えます」

八月十四日（九鬼守隆宛）「伊勢《いせ》（三重県）の南の五郡を与えます。ただし、その土地の内、別の味方の領地があった場合は、代替の土地をどこかの国に与えます」

八月二十一日（遠藤慶隆《えんどうよしたか》宛）「美濃《みの》国郡上《ぐじょう》郡一円（岐阜県郡上市周辺）を与えます」（140P参照）

八月二十二日（伊達政宗《だてまさむね》宛）「刈田《かった》・伊達・信夫《しのぶ》・二本松・塩松・田村・長井　七ヶ所（約四十九万五千石《ごく》）を与えます」（いわゆる『百万石のお墨付《すみつ》き』の書状。114P参照）

家康さん、とにかく必死なんです！　すべてを見通して勝利を確信している人物ではないことがわかるかと思います。

個人的には特に、九鬼守隆に宛てた内容が好きです。

「南伊勢辺りを与えるけど、他の人の領地と被《かぶ》ってたらゴメン！　その時は別の場所で」

なんとも、家康さんのドタバタ感が伝わってきて面白いです。

ちなみにこの約束の中で、きちんと家康さんが守ったのは九鬼守隆（鳥羽《とば》藩初代藩主に）と遠藤慶隆（郡上藩初代藩主に）の二人。加藤清正には肥後半国が加増、細川忠興は豊前《ぶぜん》の中津《なかつ》（大分県中津市）に加増&転封《てんぽう》、伊達政宗に関しては刈田の二万石だけでした。

つまり、家康さんは〝兵は拙速を尊《たっと》ぶ〟（少々まずい作戦でも素早く行動して勝利することが大切）が如《ごと》く、実現性の有無《うむ》はさておき、味方をキープすることに尽力したのです。

ちなみに、これらの書状が書かれた場所は居城の江戸城。

小山から兵を戻した家康さんは八月五日に江戸城へ戻って、ひたすら各地の大名たちに書状を送りました。内容は、先述の「○○の土地を与えます」をはじめ、「味方してくれてありがとうございます」や「(西軍との)△△における戦いの活躍は素晴らしいです」などなど。

八月二十三日に西軍の岐阜城(城主は織田秀信《ひでのぶ》。信長の孫)の陥落を知って、九月一日に急遽《きゅうきょ》江戸城を出陣するまでの約一ヶ月。家康さんの書状は、伝えられているものだけでも百五十通以上もあるんです。

その残された書状たちを先ほどのように追ってみると、すべてを見抜いた策略の〝神様〟なんかではなく、慌《あわ》ただしく変化する情勢に巧《たく》みに対処して天下を取った一人の〝人間〟である家康さんが見えてくるようです。

ちなみに、家康さんが九月十四日に美濃の赤坂(大垣市)に到着した際に陣を張ったという岡山という小さい山は、戦後に勝利を記念して御勝山《おかちやま》と改名され、現在は「関ヶ原合戦岡山本陣跡」として大垣市の指定文化財になっています。

また、本戦の当日に最初に陣を張った飛鳥《あすか》時代の「壬申《じんしん》の乱」ゆかりの桃配山《ももくばりやま》(245P参照)は「徳川家康最初陣地」として国の史跡に指定されています。そして、本戦当日の最後の陣となり首実検《くびじっけん》を行ったとされる場所は「徳川家康最後陣地」として、同じく国の史跡となっており、現在は「陣場野《じんばの》公園」として整備されています。関ヶ原を訪れた際には、ぜひ訪れたいスポットです！

徳川秀忠《とくがわ・ひでただ》

一五七九（天正七）〜一六三二（寛永九）

本戦に大遅刻！「関ヶ原」が一生のトラウマに？

DOTABATAパラメーター

統率力	☆☆
受難度	☆☆☆☆☆
トラウマ	☆☆☆☆☆
ドタバタ度	☆☆☆☆☆

○初陣を飾るべく、意気揚々と出馬するも……

徳川家康《とくがわいえやす》が江戸幕府を開く大きなきっかけとなった「関ヶ原の戦い」ですが、その天下分け目の大合戦に家康の後継者で二代将軍となる徳川秀忠《ひでただ》はなんと参戦していません。

徳川秀忠さんの兄である結城秀康《ゆうきひでやす》のように、小山評定《おやまひょうじょう》の後に宇都宮《うつのみや》に残って会津《あいづ》の上杉景勝《うえすぎかげかつ》に対する抑え役を務めていたわけではなく、道すがらのトラブル続きで、単純に遅刻してしまったのです。ちなみに、一五七九年（天正七）生まれで二十二歳の秀忠さんは、この時が実は初陣《ういじん》。

〝タメ〟には、関ヶ原本戦で西軍の総大将・毛利輝元《もうりてるもと》の代理として毛利軍を率いて南宮山《なんぐうさん》に入った毛利秀元《ひでもと》や、小早川秀秋《こばやかわひであき》を東軍に味方させることに尽力した小早川家家臣・稲葉正成《いなばまさなり》の妻である春日局《かすがのつぼね》などがいます。

秀忠さんは三男だったものの、生まれた五ヶ月後に長兄の松平信康《まつだいらのぶやす》は武田《たけだ》家との内通を疑われて切腹となり、次兄の結城秀康は豊臣秀吉《とよとみひでよし》の養子を経て下野《しもつけ》（栃木県）の結城家へ婿《むこ》養子に入っていたため、秀忠さんが家康の後継者となっていました。

一六〇〇年（慶長五）に父・家康による会津征伐《せいばつ》が行われると、自身の軍勢を率いて七月十九日に江戸城を出陣。石田三成《いしだみつなり》ら西軍が挙兵すると小山評定が開かれ、軍勢の一部は西に向かい、父は江戸城に戻りました。

一方、徳川秀忠さんは宇都宮に残って、対上杉景勝の対策や東北の大名たちへの指示を飛ばしています。たとえば、七月二十五日に伊達政宗《だてまさむね》が白石城《しろいし》（宮城県白石市）を攻め落とした報せ《しら》（113P参照）を受けて、労《ねぎら》いの言葉とさらなる働きをお願いした七月三十日の書状などが伝えられています。

それから父は江戸城に留まり、東軍の先手となった福島正則《ふくしままさのり》や池田輝政《いけだてるまさ》（63P参照）が尾張《おわり》（愛知県）や美濃《みの》（岐阜県）の西軍のお城を次々と攻略していきました。それに前後して、父は西上作戦を計画。それに合わせて、後事を次兄に託し、秀忠さんも宇都宮から出陣することとなりました。そして、九月一日に江戸城を出陣した父に先立って、八月二十四日に宇都宮を出発して、東海道《とうかいどう》を進む父に対して中山道《なかせんどう》を西上することとなったのです。

率いた軍勢は、およそ三万八千ともいわれています。引き連れていた徳川家の家臣たちにも実力者が多く、有名なところだと榊原康政《さかきばらやすまさ》（徳川四天王の一人）や本多正信《ほんだまさのぶ》（家康の側近）などがいました。徳川家以外にも有力な大名を引き連れていまして、その中に真田信幸《さなだのぶゆき》（後に「信之」）がいたんですが、この人がちょっとワケあり。父の真田昌幸《まさゆき》と弟の真田信繁《のぶしげ》（幸村《ゆきむら》）が西軍に味方して、上田城《うえだ》（長野県上田市）に籠城《ろうじょう》していたんです（102P参照）。

上田城は中山道から少し北にズレる位置にありますが、秀忠さんは真田昌幸・信繁親子の上田城を攻撃することを決定。九月二日に、上田城から約十八キロ東にある小諸城《こもろ》（長野県小諸市）に入城しました。

これが、徳川秀忠さんにとって「関ヶ原」がトラウマになる運命の決断だったんです。

○真田軍の策略にハマって大混乱！

徳川秀忠さんは、小諸城の二の丸を本陣としたらしく、現在も三の門の付近に秀忠さんが腰をかけたといわれる「徳川秀忠公憩石《いこいいし》」が伝えられています。伝承の一つだとは思うんですが、確かに平たくて座りやすそうな石でした（笑）。

大軍を率いている秀忠さんは、わずか二千足らずの軍勢しかいなかった上田城に対して、真田信幸を通じて九月三日に降伏を勧《すす》めます。すると、城主の真田昌幸はすぐさま承諾《しょうだく》して、頭を剃《そ》って降参することにしました。そして翌九月四日には、早くも国分寺《こくぶんじ》（上田市）で両者による会見が行われ、すんなりと上田城は開城することになったんですが……そうは真田が許しません。

真田昌幸は理由を付けて、全然開城しないのです。実は降伏するというのは大ウソ！　籠城戦のための時間稼《かせ》ぎをしていたといわれています。

かつて秀吉が〝表裏比興《ひょうりひきょう》の者〟と称した策士の真田昌幸に「騙《だま》された！」と大激怒した徳川秀忠さんは、上田城の攻撃に取り掛かることにしました。これが「第二次上田合戦」です。

ちなみに「第一次上田合戦」はこの十五年前の一五八五年（天正十三）のことで、上杉景勝に寝返った真田昌幸を徳川家康の軍勢が攻めています。徳川軍を率いていた大将の一人には、関ヶ原の前哨《ぜんしょう》戦で伏見城に籠城、壮絶な最期《さいご》を遂げた鳥居元忠《とりいもとただ》などがいました。この時、約八千の軍勢で攻めた徳川軍ですが、わずか二千ほどの真田軍の戦略によって大惨敗を喫します。その作戦とは、「少数で敵を攻撃→敗走したように見せかけ撤退→敵をお城に誘き寄せる→接近したところで一気に反撃→敗走した敵を伏兵《ふくへい》の奇襲や河川を氾濫《はんらん》させ追撃→大勝利！」というものでした。

では、徳川秀忠さんの上田城の攻城戦はどうなったのか？　なんと十五年前とほぼほぼ同じ展開で大惨敗を喫してしまうんです！　ザックリした流れは次の通り。

「九月五日に小諸城を出陣→染谷台《そめやだい》（上田城の約二キロ東の高台）に着陣→翌六日に刈田《かりた》（稲を刈る挑発行為）をして真田昌幸を挑発→少数の真田軍が鉄砲で攻撃→徳川軍は待ってましたとばかりに攻撃→上田城に迫るも反撃される→敗走＆伏兵の攻撃＆神川《かんがわ》の氾濫→大惨敗！」

二度の上田城合戦については、実は当時の史料が少なく、わからない部分が多いんですが、とにもかくにも徳川秀忠さんは初陣で大負けをしてしまったというわけなんです。

○父・家康激怒！　本戦四日後にようやく到着

大きな損害を受けた徳川秀忠さんは上田城の攻撃を中止し、小諸城まで撤退しました。

戦況は膠着《こうちゃく》状態となり、家臣たちの意見も「西への進軍を急ぐべき」（本多正信）や「上田城を攻め落としてから」（戸田一西《とだかずあき》。徳川家重臣）などとバラバラになってしまいます。合戦はウマくいかないし、部下たちの考えはバラバラ……私だったら、そんな職場いたくない（笑）。

そのタイミングで父・家康から使者が訪れます。内容は「上田城の攻略の中止」「上方《かみがた》への参陣を急げ」というものでした。この連絡を受けて、秀忠さんは悔しさもあったでしょうが、再び西上することに決定するんですが、ここでトラブルがすでに発生していました。

家康からの使者は八月二十九日に江戸城を出発して、上田城の攻略に取りかかろうとしていた徳川秀忠さんのもとへ向かっていました。しかし、悪天候のために利根川《とねがわ》が氾濫していたため、到着が大いに遅れてしまい九月九日（八日とも）になってしまっていたのです。

ちなみに、父の家康は使者を送って江戸城を出発。九月六日には島田宿《しまだ》（静岡県島田市）に到着します。父はその日に、美濃《みの》の赤坂（岐阜県大垣市）まで進軍していた福島正則に次のような書状を送っています。

「秀忠は九月十日頃に赤坂に到着すると思います」

あれ、ヤバいですね（笑）。というか、もう詰んでいます。車や電車があれば話は別ですが、山々を隔てて約二百キロも離れている赤坂まで一日で行けるわけがありません。

ただ、超スピーディに進軍できれば、結果的に九月十五日に起きた本戦には間に合います。向かうしかない徳川秀忠さんは九月十日（十一日とも）に小諸城を出陣して西に進みました。

ところが！　ここでまたトラブルが……。

これまた悪天候のため、道はグチャグチャ、河川は氾濫を起こしていたため、思うように進軍ができなかったのです。

そして、関ヶ原本戦が行われた九月十五日の段階で、まだ上伊那《かみいな》（長野県南部）辺りを進軍中でした。その後、九月十七日に妻籠宿《つまごじゅく》（長野県南木曽町）に到着したところで、秀忠さんは関ヶ原本戦が行われたことを知ったそうです。

その後、徳川秀忠さんがようやく関ヶ原に到着したのは決戦から四日後の九月十九日のこと。その翌九月二十日には、やっと父の軍勢に追いついて大津城《おおつ》（滋賀県大津市）に入城します。

徳川秀忠さんは、遅参《ちさん》したことを謝罪しようと父に面会を求めますが、なんと父は拒否！　理由は「調子が悪いから」でした。仮病感満載！　この時父は、遅刻した息子に対して、大激怒していたといいます。

怒っていた理由は「上田城を強引に攻めて手間取ったため」と考えられますが、実は上田城の攻略は事前に家康から命じられていたものでした。さらに、遅刻の理由も悪天候ということで、秀忠さんには落ち度はほとんどないように思えるんですが、父はまったく許さなかったそうです。

徳川秀忠さん、とことんツイテない……（笑）。

その後、徳川秀忠さんの軍勢に加わっていた榊原康政が間を取り持ってくれて、伏見城《ふしみ》（京都市伏見区）でようやく父と面会が果たせたようです。

まさに〝ドタバタな関ヶ原〟を体現した徳川秀忠さんですが、この〝天下分け目に大遅参〟がよほどのトラウマとなったようで、一六一四年（慶長十九）の「大坂冬の陣」では、開戦に遅れてなるものかと江戸城を出陣すると猛スピードで上方を目指しています。ただ、一日に約七十キロを走破するなどの強行軍で、なんと家臣や武具や荷物も置き去りにして、わずかな側近だけで父がいる伏見に予定よりずっと早く到着してしまったため、再び父に大激怒されています（笑）。

井伊直政

〝婿殿〟の手柄のために抜け駆け！
有能な家康側近の〝親バカ〟ぶり

いい・なおまさ
一五六一（永禄四）～一六〇二（慶長七）

DOTABATA パラメーター

統率力	☆☆☆☆
親バカ	☆☆☆☆☆
良い人	☆☆☆☆☆
ドタバタ度	☆☆☆☆

○家康到着まで東軍のトップとして名采配

関ヶ原で東軍の先陣を〝結果的に〟務めることになったのが「徳川《とくがわ》四天王」に数えられる徳川家康《いえやす》の側近である井伊直政です。

井伊直政さんは、関ヶ原本戦に至るまでにすでに大活躍でして、家康が九月一日に江戸城を出て九月十四日に関ヶ原に程近い赤坂（岐阜県大垣市）に到着するまで、家康の代理として、同じく徳川四天王の本多《ほんだ》忠勝《ただかつ》とともに軍奉行《いくさぶぎょう》として東軍を統括していました。つまり、家康が来るまでの間、東軍の事実上のトップだったわけです。

また、一度は西軍に与《くみ》した大名との交渉にあたり、東軍に寝返らせる工作も行い、見事に成功しています。たとえば、決戦の地となった関ヶ原が領地の一部だった竹中重門《たけなかしげかど》（竹中半兵衛《はんべえ》の息子）や、大津《おおつ》城に籠城《ろうじょう》して西軍と戦った京極高次《きょうごくたかつぐ》を味方に引き込んでいます。他にも、毛利《もうり》家の吉川広家《きっかわひろいえ》との交渉も行い、関ヶ原前日に毛利家の所領を安堵《あんど》する書状を本多忠勝と連署《れんしょ》で送っています（218P参照）。

関ヶ原本戦では、東軍の最前線に陣を構えたと伝えられています。陣跡の石碑が立てられているのは、関ヶ原駅のすぐ近く。西に歩いて陸橋を渡ったら左手に見えます。陣地跡には、戦後に竹中重門が家康に命じられ、戦場の遺体を埋葬したといわれる東首塚が残されています。

井伊直政さんは合戦当日、この陣から西軍目がけて突撃をして先陣を務めました！……というわけではありません。

布陣図を見ると、目の前には田中吉政《たなかよしまさ》や筒井定次《つついさだつぐ》など東軍の陣がありますし、何よりもまず、東軍の先陣は事前に福島正則《ふくしままさのり》と決定していました。

それなのになぜ、井伊直政さんが先陣を務めることができたのか⁉　そこには直政さんのちょっとした〝親バカ的なズルいウソ〟がありました。

井伊直政さんは娘の一人を松平忠吉《まつだいらただよし》に嫁《とつ》がせていました。忠吉は家康の四男にあたる徳川家の御曹司《おんぞうし》です。一五六一年（永禄四）生まれで多くの戦地を経験してきた四十歳の井伊直政さんに対して、娘婿《むこ》の松平忠吉は一五八〇年（天正八）生まれの二十一歳、なんと関ヶ原が初陣《ういじん》でした。

そして、この初陣を迎えたプリンスは、井伊直政さんの軍勢に加わっていました。

そんなこともあり、井伊直政さんはこんなことを考えていたようです。

「婿殿に初陣を立派に飾ってもらいたいなぁ～」

○自分で作ったルールを自分で破る⁉

合戦当日、井伊直政さんは娘婿・松平忠吉を引き連れて馬に乗って数十人で陣を出ると、先陣を務めるはずの福島正則の陣をすり抜けて、東軍の最前線に駆け抜けようとしました。いわゆる「抜け駆け」です。

これは戦場にとって超御法度《ごはっと》！　軍勢の統率が取れなくなってしまうため、徳川家に限らず、戦国大名ではどの家でも禁止している戦場の定番ルールでした。

直政さんもそんなことはわかっています。わかっているどころか、二ヶ月前に自らが定めた軍法に「抜け駆けを禁じる」ということが書かれているんです。

それでも、婿殿のために抜け駆けようとした井伊直政さん。しかし、そんな簡単に福島正則の陣を抜けることなどできず、福島家の家臣・可児才蔵《かにさいぞう》（討ち取った首に笹をくわえさせたことから〝笹の才蔵〟と称されたという猛将）に止められました。

「先陣は福島家と決まっている。何人《なんぴと》たりとも通すことはできない」

この大正論に対して、井伊直政さんは誰も反論できないウソを持ち込みました。

「先陣ではない。家康様から松平忠吉様のお供をして、偵察をするように言われたのだ。通していただきたい」

これはズルい！　〝上からの命令です〟作戦を使ったのです。

可児才蔵は仕方なく陣を抜けることを許可すると、井伊直政さんは婿殿を引き連れて、西軍にすぐさま突撃！(笑)

福島正則や可児才蔵にしてみたら「やりやがったな！」と頭に来たことでしょう。「待ちやがれ！」と福島軍も西軍に攻めかかりますが、結局、先陣は井伊直政さん&婿殿が務めたこととなり、一番槍《やり》の手柄も奪われてしまったのです。なんという親バカ的なズルいウソ！

この逸話は、関ヶ原の開戦を語る上で欠かすことができないものですが、実は当時の史料からは確認することはできません。登場するのはどれも江戸時代以降に書かれたものなので、事実かどうかはわからないんです。

天下分け目の合戦の先陣を外様《とざま》大名である福島正則が務めたのでは江戸幕府としてはよろしくないとして、徳川家の御曹司を引き連れた井伊直政さんの抜け駆け先陣があえて描かれたんでしょうか。皆さんはどう思います？

○島津軍と激戦、命を落としかけるも戦後は薩摩安堵に尽力

さて、この抜け駆けが事実だとしたら、舅《しゅうと》と婿には一種の罰《ばち》があたることになりました。

それは関ヶ原本戦が終盤に差しかかった頃です。西軍に付いたものの、不気味にも陣から動くことがない武将がいました。薩摩《さつま》（鹿児島県）の島津義弘《しまづよしひろ》（222P参照）です。

西軍の敗戦が濃厚となり、島津軍は東軍に囲まれてしまいますが、そこで島津義弘は敵中突破という前代未聞の作戦を決行しました。北国《ほっこく》街道を東軍が集結している東に進み、関ヶ原の中央に出ると、そこから南の伊勢《いせ》街道を目指したのです。

これを激しく追撃したのが、井伊直政さんと婿殿です。

わずか千五百ほど（三千とも）だったという島津軍ですが、家臣がその場に残って捨て駒となって敵を迎撃する「捨て奸《がまり》」という戦術を使ったため、東軍は追撃戦ながら大きな被害を受け始めました。

それでも、直政さんと婿殿は勇敢に攻め寄せますが、一発の銃弾が直政さんの甲冑《かっちゅう》に命中します。当時、井伊直政さんは「試しの具足《ぐそく》」という防弾試験済みの甲冑を着ていたので、銃弾ははしっかりと弾《はじ》かれたのですが、運悪く弾かれた銃弾が右腕を貫き、馬上から崩れ落ちてしまいました。また、婿殿・松平忠吉も追撃戦の中で、刀傷を負ってしまったのです。

ちなみに、井伊直政さんを狙撃した島津家の家臣は柏木源藤《かしわぎげんとう》という人物でした。戦後、井伊直政さんを狙撃したのにもかかわらず、不遇の人生が待っているのですが、そのあたりは拙著『あの方を斬ったの…それがしです　日本史の実行犯』をご参照くださいませ。

さて、鉄砲傷を負った井伊直政さんですが、一命は取り止め、なんと自らを狙撃した島津家との和睦《わぼく》の仲介役を買って出て、島津家の領地だった薩摩・大隅《おおすみ》（鹿児島県）、日向《ひゅうが》（宮崎県）の本領安堵《あんど》のために奔走《ほんそう》するなど、西軍に付いてしまった大名たちの処分が軽くなるように交渉を行っています。なんて良い人！

そして、合戦での活躍を評価され、石田《いしだ》三成《みつなり》の居城だった佐和山《さわやま》城（滋賀県彦根市）の城主となって十八万石《ごく》を与えられることとなりました。一方、大事な婿殿は、一五九〇年（天正十八）の「小田原攻め」で石田三成が秀吉の命令で水攻めをしたことで知られる忍《おし》城（埼玉県行田市）の城主から、福島正則が城主を務めていた清洲《きよす》城（愛知県清須市）にお引っ越し。石高は十万石から五倍以上の五十二万石に跳ね上がり、全国屈指の大大名となりました。

ところが、二人にはバッドエンドが待っていました。

まず、井伊直政さんですが、関ヶ原から二年後の一六〇二年（慶長七）に関ヶ原での鉄砲傷が原因で亡くなっています。そして、婿殿・松平忠吉も腫《は》れ物が原因となって一六〇七年（慶長十二）に早世してしまいます。この腫れ物も、関ヶ原での傷が原因ともいわれています。

その後、井伊直政さんの息子・井伊直孝《なおたか》の時代に彦根城（滋賀県彦根市）が完成。幕末まで井伊家が城主を務め、幕末には大老《たいろう》の井伊直弼《なおすけ》を輩出しています。彦根は井伊直政さんゆかりの地ということで、駅前に騎馬像が建てられています。一方、婿殿・松平忠吉は息子が夭折《ようせつ》して後継者がいなかったため、残念ながらその系譜は断絶。その跡を弟の徳川義直《よしなお》がそのまま引き継ぐこととなり、一六一〇年（慶長十五）から「天下普請《てんかぶしん》」（江戸幕府が全国の大名に命じたインフラ工事）によって名古屋城が築かれ居城を移しています。これが明治維新まで続く、徳川御三家《ごさんけ》の一つである「尾張《おわり》徳川家」の始まりとなります。

そういった経緯があるため、尾張徳川家の武具や美術品などのお宝を展示・保存している徳川美術館（愛知県名古屋市）には松平忠吉の甲冑も伝えられています。この「銀箔置白糸威具足《ぎんぱくおきしろいとおどしぐそく》」と呼ばれる甲冑は、なんと松平忠吉が関ヶ原本戦で着用したものといわれています。現在ではもう判別できないそうですが、甲冑には合戦で負傷した時に付着した血が残るという言い伝えがあります。私も現物を見たことがありますが、血痕は確認できませんでした。血痕の有無《うむ》はともかく、スタイリッシュなフォルムに威の白糸が非常にクールな甲冑ですので徳川美術館でぜひご覧くださいませ。

織田有楽斎《おだ・うらくさい》

武将としてはからっきし？
信長の実弟は「超天然キャラ」

一五四七（天文十六）～一六二一（元和七）

DOTABATAパラメーター

統率力	☆
茶道	☆☆☆☆☆
天然さ	☆☆☆☆☆
ドタバタ度	☆☆☆☆

〇有楽町の由来になった茶道界のスター!?

天下分け目の関ヶ原の戦いには、実はあの織田《おだ》信長《のぶなが》の弟も参戦しています。それが織田有楽斎《うらくさい》です！

〝有楽〟という字を目にすると連想されるのが、東京都千代田区の「有楽町《ゆうらくちょう》」。JRや東京メトロの「有楽町駅」もあり、江戸城跡にある皇居も近いので行ったことがある方も多いことと思います。

有楽町駅の近くには江戸城三十六見附《みつけ》（江戸城の主要な三十六ヶ所の城門）の一つで、仙台藩主の伊達《だて》政宗《まさむね》が築いた数寄屋橋《すきやばし》の跡があり、駅前には時代劇の『大岡越前《おおおかえちぜん》』のモデルとなった大岡忠相《ただすけ》や『遠山《とおやま》の金さん』のモデルになった遠山景元《かげもと》が奉行《ぶぎょう》を務めた、江戸幕府の南町《みなみまち》奉行所の跡（下水溝の石組みが復元されている）がありました。

この町名の由来が有楽斎さんであるという話が伝えられています。

関ヶ原の戦いで武功を挙げた有楽斎さんが、徳川家康《とくがわいえやす》から数寄屋橋の辺りに屋敷を拝領して、周辺がまず「有楽《うら》原」と呼ばれるようになったそうです。その後、明治時代になって「有楽《ゆうらく》町」と名付けられたといいます。

しかし、勝手に町名の由来をご紹介しておいて恐縮なんですが、有楽斎さんがこの辺りに屋敷を構えたという記録はないようで、どうやら俗説みたいです。

この辺りは、徳川家康が江戸城を大改築する前には、海に面した入り江だったので「浦原」(もしくは「浦ヶ原」)と呼ばれていたようです。そこに「有楽」という字が当てられるようになって有楽原となり、有楽町と命名されたのが真実みたいです。

また、大阪府堺《さかい》市にも一八七二年(明治五)まで有楽《うらく》町という地区がありました。こちらの由来も有楽斎さんとされていて、茶人の今井宗薫《いまいそうくん》(豊臣秀吉《とよとみひでよし》の茶頭《さどう》&御伽衆《おとぎしゅう》で後に家康・秀忠《ひでただ》・家《いえ》光《みつ》に仕えた)に譲った有楽斎さんの屋敷があったといいます。現在は「今井屋敷跡」の碑が立てられていて、百メートルほど西には千利休《せんのりきゅう》の誕生地である「千利休屋敷跡」もあります。

日本一有名な茶人といってもよいであろう千利休は、有楽斎さんのお茶の師匠にあたります。千利休の弟子トップ7を「利休七哲《しちてつ》」と総称することがありますが、有楽斎さんはそのメンバーにカウントされることもあります(七人は史料によってバラバラ。「利休十哲《じってつ》」と総称されることも)。

千利休は一五九一年(天正十九)に対立していた豊臣秀吉に切腹を命じられて亡くなりますが、有楽斎さんは師匠の流れを継承して自らの流派である「有楽流」を創始。子孫によって受け継がれ、現代まで伝えられています。

また、一六一八年(元和四)に有楽斎さんが正伝院《しょうでんいん》(建仁寺《けんにんじ》の末寺。現在の正伝永源院《えいげんいん》)に造った茶室の「如庵《じょあん》」は、後に犬山城（愛知県犬山市）の城下に移築され、名鉄犬山ホテルの敷地内に残り、現在は国宝に指定されています。

さてさて、話がやや逸《そ》れましたが、茶道界では超メジャーな有楽斎さんの〝武将活動〟に焦点を当ててみましょう！

○「本能寺の変」での〝大やらかし〟

織田有楽斎さんの生まれは一五四七年（天文十六）で、兄・信長の十三歳年下です。

通称（普段使う名）は「源五郎《げんごろう》」、実名（普段は使わない本名。諱《いみな》とも）は「長益《ながます》」といいました。

有楽斎さんは、天下統一に邁進《まいしん》する織田信長の大事な実弟として、織田家の有力者に名を連ねていましたが、一五八二年（天正十）の「本能寺《ほんのうじ》の変」で大失態を演じてしまいます。

この日本史上最も有名といっていいクーデターの時、有楽斎さんは兄と同じく京都にいました。

有楽斎さんの当時の主君はどうやら甥《おい》の織田信忠《のぶただ》（信長の長男）だったらしく、それに従って妙《みょう》覚寺《かくじ》に泊まっていたところでした。

そこで「明智光秀謀反《あけちみつひでむほん》！」の報《しら》せを受けた織田信忠は父を救おうと妙覚寺を出陣しようとしますが、すでに本能寺は焼け落ちて、織田信長は自害したとのことでした。

救援をあきらめて二条城《にじょう》で明智軍を迎撃することを決心した信忠に有楽斎さんも従います。

ちなみにこの二条城は、現在「古都京都の文化財」として世界遺産になっている、徳川家康が築いた二条城ではありません。一五七六年（天正四）から織田信長が築城したもので、別名「二条殿《どの》」「二条邸《てい》」「二条御新造《ごしんぞう》」などと呼ばれています（詳しくは拙著『ヘンテコ城めぐり』をご参照くださいませ！）。

十六世紀末に書かれたという小話がまとめられた『義残後覚《ぎざんこうかく》』によれば、信長が討たれたことを知った有楽斎さんは、主君の織田信忠に「切腹」を強く勧《すす》めたそうで、織田信忠も「雑兵《ぞうひょう》の手にかかるよりは……」ということで承諾《しょうだく》しました。

織田信忠は切腹を覚悟しつつも、明智軍に一矢報《いっしむく》いるために大奮戦した後に切腹。それを見届けた有楽斎さんは、自分も腹を切って家臣に火をつけてもらおうと周囲に柴を積みました。

しかし、まさに腹を切ろうとしたその時に周囲に誰もいなくなっていることに気づき、「ここで自殺するのは犬死《いぬじに》同然なり」とつぶやいて、なんと二条城から脱出！　安土《あづち》城へ一人逃走したというのです。

この噂《うわさ》はすぐに京都に広まり、次のような歌が流行ったそうです。

「織田の源五は人ではないよ、御腹召せ召せ、召させておいて、我は安土へ逃ぐる源五、むつき二日に大水いでて、織田の原なる名を流す」

つまり「腹を切らせておいて、自分だけ安土へ逃げるなんて、織田源五郎は人ではないよ」ということです。

有楽斎さんの自業自得《じごうじとく》ではありますが、なんとも強烈な〝ディスり〟！

そんな有楽斎さんは、「関ヶ原の戦い」でもやらかしているのです……。

○天下分け目の戦いで〃大やらかし〃再び

兄が本能寺で亡くなった後は、甥の織田信雄《のぶかつ》（信長の次男）に仕えた有楽斎さんですが、一五八四年（天正十二）に起きた織田信雄&徳川家康VS豊臣秀吉（当時は羽柴《はしば》姓）の「小牧長久手《こまきながくて》の戦い」では、織田家のキーマンだったこともあり、信雄と秀吉の和睦《わぼく》の交渉役を担っています。

その後、秀吉に降《くだ》った主君の織田信雄が、一五九〇年（天正十八）に秀吉からの転封《てんぽう》命令を拒否したことから改易《かいえき》となってしまったため、有楽斎さんは秀吉の御伽衆《おとぎしゅう》（話し相手）へ転職します。この頃に出家して「有楽斎」と名乗るようになりました。

ちなみに、当初は「無楽斎」と名乗ったそうですが、秀吉から「私の御伽衆になるゆえ、貴殿は楽しみが有る人なり。無楽をやめて楽有りとなられよ」ということで、有楽斎へと改名させられたともいわれています。

一七一三年（正徳三）にまとめられた『関原《せきがはら》軍記大成』によると、その後、秀吉の死をきっかけに始まった政権争いでは基本的に〃家康派〃。五大老《たいろう》の双璧《そうへき》である前田利家《まえだとしいえ》と家康の屋敷に大名たちがそれぞれ集結し、「すわ、合戦か！」という状況となった際には、有楽斎さんは家康の屋敷に参陣したそうです。

家康チームだった有楽斎さんは、一六〇〇年（慶長五）の「関ヶ原の戦い」にも東軍として参戦します。御年《おんとし》五十四歳でした。

合戦時、有楽斎さんはどこにいたのか？　有名な布陣図（『日本戦史　関ヶ原役』）には細川忠興《ほそかわただおき》や黒田長政《くろだながまさ》の陣地の後ろ辺り、東軍の狼煙《のろし》場という岡山烽火場の南麓だったとされています。

率いた軍勢は四百五十人。少ない！

ところが、有楽斎さんの軍は意外に強かったんです。特に有楽斎さんの息子・織田長孝《ながたか》は、後述する通り大谷吉継《おおたによしつぐ》配下の名のある武将を討《う》ち取っています。

父・有楽斎さんも、石田三成軍の名将・蒲生頼郷《がもうよりさと》（真令《さねのり》とも）と遭遇しました。

この蒲生頼郷という人物はもともと横山喜内《よこやまきない》と名乗っていて、観音寺城《かんのんじ》（滋賀県近江八幡市）を本拠地とする六角《ろっかく》家の家臣でした。しかし、一五六八年（永禄十一）に織田信長の上洛《じょうらく》戦で六角家が滅亡すると、同じ近江《おうみ》の蒲生郡（日野町・近江八幡市など）出身の蒲生家に仕えます。その後、主君の蒲生氏郷《うじさと》から「蒲生」の名字と「郷」の一字を与えられ、蒲生頼郷と名乗ったそうです。その後、蒲生氏郷が一五九五年（文禄四年）に病死。息子の蒲生秀行《ひでゆき》に代替わりすると、御家《おいえ》騒動が起きて豊臣秀吉から転封を命じられたため、蒲生家を離れて浪人となった後に、石田三成の家臣になったといいます。

蒲生頼郷は、石田三成の側近として有名な島左近《しまさこん》とともに、拾ってくれた主君のために大奮戦。小早川秀秋《こばやかわひであき》が東軍に付き、西軍の敗戦が濃厚となった頃合いで、有楽斎さんに戦場で出会ったようです。

実は、有楽斎さんと蒲生頼郷さんは旧知の仲。蒲生頼郷の主君だった蒲生氏郷は、織田信長の娘を正室に迎えていたので、有楽斎さんの義理の甥にあたります。蒲生頼郷はその重臣だったので、豊臣政権下でも何かしらの接点があったのかもしれません。

戦場で知り合いを見つけた有楽斎さんは、蒲生頼郷に馬上から次のように話しかけたといいます。

「おや、蒲生殿ではないか。徳川家康殿に助命をかけ合うゆえ、我に降《くだ》れ！」

すると、同じく馬上の蒲生頼郷はブチギレ。

「これは何の譫言《うわごと》（ふざけた言葉）を吐くや！」

単騎で突撃して、有楽斎さんに斬《き》りかかったのです。

セリフが物語る通り、めちゃくちゃ油断していた有楽斎さん。絶体絶命！

蒲生頼郷が振り下ろした一刀は、有楽斎さんをかすめて、馬を襲いました。なんとか一命を取り留めた有楽斎さんですが、刀をかわした反動と馬を斬られてしまったことで落馬してしまいます。

再び危うし……！

しかし、あの「本能寺の変」も生き延びた織田有楽斎さんです。そこに家臣たちが駆け付けて九死に一生を得ます。駆けつけた家臣の千賀《ちが》兄弟（文蔵《ぶんぞう》・文吉《ぶんきち》）は疲れ果てていた蒲生頼郷を討ち取り、主君の絶体絶命を救い出したのです。

ただ、実情は少し異なりまして、救い出したというわけではなかったんです。蒲生頼郷に斬りつけられたのを見た千賀兄弟は「主君が討ち取られてしまった！　仇《あだ》討ちだ！」と駆け付けていたそうなんです。なんでしょう、織田有楽斎さんは家臣たちからも武将としては、少しナメられていたのかもしれません（笑）。

さらに主君がまだ生きていると知った千賀兄弟は、有楽斎さんに手柄を取らせるため、蒲生頼郷の首を取る作業だけ有楽斎さんに譲ったともいわれています。なんというドタバタ劇（笑）。

こうして、有楽斎さんの関ヶ原は一件落着（？）を迎えたのです。

○息子の愛槍は徳川家を呪う妖刀〝村正〟⁉

ちなみにですが、息子・織田長孝の武功に関して、あの〝呪《のろ》いの刀〟にまつわる逸話も残されています。長孝は、大谷吉継軍の戸田勝成《とだかつしげ》という武将を槍《やり》で討ち取ったといいます。

戸田勝成は、もともと丹羽長秀《にわながひで》（信長の重臣）に仕えた後に豊臣秀吉の家臣となった武将で、東軍・西軍ともに交流のある人物が多かったことから、彼の討ち死にを聞いて多くの者が涙したという名将です。

つまり、父の有楽斎さんは石田軍の蒲生頼郷を討ち取り（討ち取らせてもらい）、息子の織田長孝は大谷軍の戸田勝成（その息子の戸田内記《ないき》も織田長孝軍が討ち取ったとも）を討ち取ったのです。

大きな武功を挙げた有楽斎さん親子は、関ヶ原の戦いの後に論功行賞《ろんこうこうしょう》（手柄の有無《うむ》&大小、褒賞《ほうしょう》の決定会議）のために、徳川家康に謁見《えっけん》することになりました。

その場で有楽斎さん親子は、戸田勝成を討ち取った槍《やり》を徳川家康に披露しようとしましたが、家康の側近が手を滑らせて槍を落とし、家康は指に怪我《けが》をしてしまったのです。

すると家康は――、

「この槍は、普通の槍ではないな！　まさか〝村正《むらまさ》〟か⁉」

そうなんです！　有楽斎さんの息子の愛槍は、徳川家を呪う妖刀として語り継がれている「村正」だったのです。

家臣に殺されたともいわれる徳川家康の祖父（松平清康《まつだいらきよやす》）や父（松平広忠《ひろただ》）は、どちらも村正の刀で斬られたといいます。また、息子の松平信康が武田家との内通を疑われて織田信長の命令で切腹した時も介錯《かいしゃく》に村正が使われたといわれています（ちなみに「大坂の陣」で家康を苦しめることになる真田信繁《さなだのぶしげ》〈幸村《ゆきむら》〉も村正を愛刀としたとも伝えられています）。

「えーっと、村正ですが、何かマズかったでしょうか……」

有楽斎さんは徳川家と村正の関係性を知らなかったようで、評定《ひょうじょう》の場を出てからその因縁《いんねん》を知ると、「村正を使うべきではない！」として、すぐさま息子の愛槍を粉々にぶち壊したといいます（笑）。

この「妖刀村正伝説」ですが、当時の史料には登場せず、江戸時代以降に広まっていったものです。有楽斎さんが慌《あわ》てて村正を破壊した逸話も、江戸時代中頃にまとめられたという『三河後風土記《みかわごふどき》』などに登場してくるので、実際にあったかどうかはわかりませんが、有楽斎さんの天然キャラを物語るエピソードとして私は好きです（笑）。

とにもかくにも、有楽斎さんは息子の活躍を含めた功績で石高《こくだか》は二千石から三万二千石に大幅アップ！　息子の織田長孝も一万石を与えられています。

その後は、大坂城が職場となり、豊臣秀頼《ひでより》や姪《めい》の淀殿《よどどの》に仕えました。

一六一四年（慶長十九）に勃発《ぼっぱつ》した「大坂冬の陣」では、豊臣家を代表して徳川家とのネゴシエーターを務めます。その翌年の「大坂夏の陣」では、「私の命令を誰も聞いてくれないので、大坂城にいても意味がない」ということで、大坂城を急に出奔《しゅっぽん》し京都に隠棲《いんせい》します。実は、有楽斎さんは徳川家康と通じていたスパイで、大坂城の情報を徳川家康に漏《も》らしていたともいわれています。

それから、有楽斎さんは、冒頭で紹介した国宝の如庵を建造するなど、茶の湯ざんまいの日々を送り、一六二一年（元和七）に七十五歳で亡くなりました。

その後の有楽斎さんの織田家ですが、関ヶ原本戦で武功を挙げた長男の織田長孝に始まる野村藩（岐阜県大野町）は、残念ながら有楽斎さんの孫の代で断絶。しかし、四男・織田長政《ながまさ》に始まる戒重藩《かいじゅう》（後の芝村藩《しばむら》。奈良県桜井市）と五男・織田尚長《なおなが》に始まる柳本藩《やなぎもと》（奈良県天理市）は明治維新まで有楽斎さんの末裔《まつえい》が藩主を務めています。

ちなみに、兄の信長の末裔も江戸時代を通して大名として存続しています。それは有楽斎さんも一時期仕えた甥の織田信雄の家系です。織田信雄の四男（織田信良《のぶよし》）の系譜が小幡藩《おばた》（群馬県甘楽町《かんら》）から高畠藩《たかはた》（山形県高畠町）を経て天童藩（山形県天童市）の藩主を、五男（織田高長《たかなが》）の系譜が宇陀松山藩《うだまつやま》（奈良県宇陀市）を経て柏原藩《かいばら》（兵庫県丹波市）の藩主を務めて明治維新を迎えています。

有楽斎さん、なんだか憎めないですよね。また〝あの信長の弟なのに〟というのも良いスパイスになっているような気がします。現代だったら「あの有名人の弟は超ド天然！」みたいな感じでバラエティ番組に引っ張りだこで、お茶の間をにぎやかしていたかもしれませんね（笑）。

福島正則
ふくしま・まさのり
一五六一（永禄四）～一六二四（寛永元）

池田輝政
いけだ・てるまさ
一五六四（永禄七）～一六一三（慶長十八）

東軍を勝利に導いた⁉
超絶バチバチの先陣争い！

○「関ヶ原」までの地固めを戦い抜いた二人の勇将

私ごとですが、戦国時代を好きになったばかりの頃は、「岐阜城が落城して、東軍は大垣《おおがき》城を包囲するように赤坂（岐阜県大垣市）に移動……」くらいのことしか把握していなかったんですが、その後「関ヶ原の戦い」に至るまでの東軍の動きが非常に興味深く面白いということを知りました。

実は岐阜城陥落以前にも尾張《おわり》（愛知県）と美濃《みの》（岐阜県）の西軍のお城を東軍の先陣となった武将たちが互いに競い合うように攻略していっているのです。この先陣武将たちの働きがなければ、美濃の中心的存在だった岐阜城を攻め落とすまでにもいきませんし、当然ですが関ヶ原の戦いも起こらなかったことでしょう。逆に、田辺《たなべ》城や大津《おおつ》城などを攻略した西軍の軍勢が、大垣城の救援に訪れて東軍が劣勢に……というような可能性も秘めていたと思われます。

DOTABATAパラメーター

福島正則		池田輝政	
統率力	☆☆☆☆	統率力	☆☆☆☆
発言力	☆☆☆☆☆	渡河戦闘力	☆☆☆☆☆
ドンマイ度	☆☆☆☆☆	ずる賢さ	☆☆☆☆☆
ドタバタ度	☆☆☆☆☆	ドタバタ度	☆☆☆

つまり、関ヶ原で東軍が勝利を収めた大きな要因となったのが、前哨戦《ぜんしょう》における東軍の先鋒たちの活躍だったわけです。その先陣を務めて武功を競った二人が、福島正則と池田輝政（当時は「照政」）でした。

東軍に属した名だたる武将たちの中で、なぜこの二人が先陣になったかというと、居城を美濃と尾張の要衝《ようしょう》に構えていた大名だったためと思われます。

福島正則さんは尾張の清洲城《きよす》（愛知県清須市）、池田輝政さんは三河《みかわ》の吉田城（愛知県豊橋市）を居城としていました。清洲城はかつては織田信長《おだのぶなが》の居城で「桶狭間《おけはざま》の戦い」の出陣地としても有名です。また、「本能寺《ほんのうじ》の変」後に「清須《きよす》会議」が行われた場所としても知られています。この場所は京都や鎌倉、伊勢《いせ》など諸方面に向かう街道が合流し、脇には五条川も流れており、水陸の重要拠点でした。ちなみに、清須会議には輝政さんの父・池田恒興《つねおき》が参加してたりしますね。

また、輝政さんが近世城郭に大改築した吉田城は、江戸時代にも東海道《とうかいどう》を抑える重要な拠点として吉田藩の政庁となり、歌川広重《うたがわひろしげ》の浮世絵『東海道五十三次《つぎ》』でも描かれています。

七月二十五日に行われたという小山評定《おやまひょうじょう》（@栃木県小山市）を経て、東海道を西に進んだ二人は八月十一日に清洲城に到着。そして、三日後の八月十四日には東海道を進んでいた約四万ともいわれる東軍が清洲城に集結したといいます。

清洲城にて東軍は、西軍の諸城を攻略するための作戦会議をしたわけなんですが、当時、西軍に味方することを表明していた周辺のお城と城主or城将は次のような感じ。結果的に東軍に落とされていくので、落城or開城の日と併《あわ》せてどうぞ。

【落城・開城日】	【城名と所在地】	【城主・城将】
八月十六日	福束《ふくつか》城（岐阜県輪之内町）	丸毛《まるも》兼利《かねとし》
八月十九日	高須城（岐阜県海津市）	高木《たかぎ》盛兼《もりかね》
	駒野城（岐阜県海津市）	高木帯刀《たてわき》
	津屋《つや》城（岐阜県海津市）	高木正家《まさいえ》
八月二十二日	加賀野井《かがのい》城（岐阜県羽島市）	加賀井《かがのい》重望《しげもち》
	竹《たけ》ヶ鼻《はな》城（岐阜県羽島市）	杉浦重勝《すぎうらしげかつ》
八月二十三日	岐阜城（岐阜県岐阜市）	織田秀信《ひでのぶ》（信長の孫）
九月三日	犬山城（愛知県犬山市）	石川貞清《いしかわさだきよ》・竹中重門《たけなかしげかど》・稲葉《いなば》貞通《さだみち》など

ちなみに、当初福島正則さんと池田輝政さんは直接は城攻めをしていません。理由は家康の出陣を待っていたためです。30Pからの「徳川家康」をご参照いただければと思いますが、家康が出陣するのは九月一日のことなので、この時はまだ江戸城におり、福島正則が東軍に味方していた周辺の大名たちに西軍のお城の攻略を命じていました。

清洲城から西に約十八キロ西には、松ノ木城（城主・徳永寿昌《とくながながまさ》）と今尾城（城主・市橋長勝《いちはしながかつ》）がありました。〝木曽三川《きそさんせん》〟の木曽川と長良《ながら》川を渡った先の岐阜県海津《かいづ》市にあったお城です。

福島正則さんがこの二つのお城の城主に命令して攻略させたのが、八月十六日と八月十九日の四つのお城でした。こうして、美濃の南西部は東軍によって制圧されたのです。

続いて東軍のターゲットとなったのが、現在は東海道新幹線の岐阜羽島《はしま》駅がある羽島市辺りのお城（加賀野井城・竹ヶ鼻城）でした。清洲城からは北西の方角（加賀野井城→北西約十四キロ、竹ヶ鼻城→北西約十八キロ）で、木曽川と長良川に挟まれた立地に築かれていました。

「ここで真打《しんう》ちの福島正則さんと池田輝政さんが登場！」といきたいところですが、二人はあくまで徳川家康の出陣を待ち続けていました。なかなか出陣しない家康にイライラしていると、そんなタイミングで、江戸城の徳川家康から使者（村越直吉《むらこしなおよし》）が清洲城に到着しました。

福島正則さんや池田輝政さんらが、「内府《だいふ》（家康）はなぜ出陣しないのだ！」と問い詰めると、使者は冷静に返答しました。

「御出馬をしないのではなく、各々方《おのおのがた》が敵と戦っていないから御出馬しないのです。敵と戦えば、すぐに御出馬するでしょう」

つまり、家康はここにきてもまだ福島正則さんや池田輝政さんらを信用していなかったようなんです。これを聞いたらカチンと来てしまいそうですが、東軍の武将たちには腑《ふ》に落ちたらしく「もっともだ！」ということで、福島正則さんや池田輝政さんを中心とした軍勢が、美濃のラスボス的存在である岐阜城を攻略するために出陣することになったのです！

○抜け駆けする輝政、怒り狂う正則

ところが、ここで問題が……！　先陣を任された福島正則さんと池田輝政さんが大揉《も》めしてしまうのです。

ケンカの理由は「木曽川を渡る時にどちらが上流を渡るか」ということでした。「え？　そんなことで？」と思ってしまいそうですが、これは先陣を務める武将にとっては死活問題です。

清洲城から木曽川を渡って岐阜城を目指す場合、メインの渡しは二つありました。それが上流の「河田《こうだ》」と下流の「尾越《おこし》」でした。

河田の渡しは、愛知県一宮《いちのみや》市と岐阜県各務原《かかみがはら》市を繋《つな》いでいた渡しで、清洲城から岐阜城に向かう場合はどう見ても上流のこちらが有利。それに対して南側の尾越の渡しは、愛知県一宮市と岐阜県羽島市を繋いでおり、明らかに遠回りのルートでした。

二人は当然、河田からの渡河《とか》を希望したため口論になってしまいます。そこで、軍監《ぐんかん》として家康から派遣《はけん》されていた井伊直政《いいなおまさ》が福島正則さんを説得します。

「尾張は領地なので、あなたのほうが渡河に必要な船を用意しやすいですよね……ね？」

一方、池田輝政に対しては「福島正則が渡河を完了するまでは絶対に戦いを始めてはいけません」と条件を出して、二人はようやく納得したといいます。

決行は八月二十二日の夜明け頃。正則さんは渡河を終えた後に狼煙《のろし》を上げ、それを合図に輝政さんが渡河を始める段取りとなりました。

そして、当日の朝を迎えます。約束通り、河田に池田軍、尾越に福島軍が着陣します。

岐阜城の織田秀信も黙ってはいません。河田の渡しから東軍が渡河してくる報《しら》せを受けると、岐阜城から出陣。木曽川沿いの米野《こめの》（各務原市）に第一陣、その後方の川手《かわて》（岐阜市）に第二陣として織田秀信自ら陣を構えました。

いよいよ夜が明け、福島正則さんが木曽川を渡っていた時のことでした。なんと、上流の方から銃撃音が聞こえてくるではありませんか！　そうです、なんと池田輝政さんの軍勢が、狼煙を待たずにいきなり渡河を決行！　織田軍と戦いを始めてしまったのです。

しかも、それが強い強い！　輝政さんはおよそ一万八千の大軍を率いていたこともあり、織田軍の米野の第一陣を撃破（「米野の戦い」）して、第二陣に迫る勢いを見せました。そのため、織田秀信は岐阜城へ撤退。そのまま追撃して岐阜城を攻め落とすパターンもありましたが、正則さんと合流してから攻める約束だったので、岐阜城下に向かいはしたものの、攻撃は自粛《じしゅく》しています（その約束は守るんですね・笑）。

さて一方、抜け駆けをされて〝激《げき》おこ〟な福島正則さんは「池田輝政に負けてなるものか！」と木曽川を渡河しようとするんですが、渡河予定だった対岸には西軍が柵《さく》を築いて待ち構えていたため断念。さらに下流へと移動しました。ついてない！

すぐに西軍のお城を攻撃！　最初の標的は加賀野井城。ここは〝秒殺〟でした。

なぜなら城主（加賀井重望）が宴会で起きた口ゲンカの末のバタバタ抜刀劇で殺されてしまっていた（77P参照）ため、城主不在ということもあり容易に攻め落とすことができたのです。

福島正則さんはその勢いのまま竹ヶ鼻城を攻撃！　このお城は一五八四年（天正十二年）の「小牧長久手《こまきながくて》の戦い」で豊臣秀吉《とよとみひでよし》（当時は羽柴《はしば》姓）が周囲に堤防を築いて水攻めで攻略した歴史がありました。その攻め方が物語るように、お城の周囲に湿地帯や泥田が広がる天然の要害でしたが、福島正則さんが率いる一万六千とされる大軍に攻め落とされ、壮絶な落城を遂げました。

竹ヶ鼻城が陥落する前後、福島正則さんのもとに報せが届きます。

「織田秀信軍を破った池田輝政が岐阜城に向かっている」

きっと「あの野郎!!!」と思ったに違いありません、「さらなる抜け駆けは許さん！」と、正則さんは竹ヶ鼻城を攻め落とした軍勢を引き連れて岐阜城下に向かいました。

○今度は井伊直政が抜け駆け、ツイてない正則

池田輝政さんと合流した福島正則さんは、当然大激怒！　ここでも軍監の井伊直政が、次のような条件を出して、二人の間を取り持つことになりました。大変、井伊直政（笑）。

「岐阜城攻めは、大手《おおて》口《ぐち》（七曲《ななまが》り口）からは福島正則、搦手《からめて》口（水の手口）からは池田輝政が攻め上がるのはどうでしょう？」

お城の正面にあたる大手口を担当できるとなり、福島正則さんはようやく納得。二人は翌日の総攻撃に備えることとなりました。

そして、八月二十三日の早朝。それぞれ約束通りの場所から岐阜城に攻めかかりました。岐阜城には六千ほどの兵がいましたが、東軍の兵力はおよそ三万五千。岐阜城の各曲輪《くるわ》は次々に攻め落とされ、あっという間に本丸を残すのみとなってしまいました。

ちなみに、二の丸への一番乗りは福島正則さんの軍勢ではなく、池田輝政さんの軍勢でした。お城の裏手にあたる険《けわ》しい搦手口からなのになぜ⁉

実は、池田輝政さんは一五八五年（天正十三）から吉田城に移るまでの約五年間、岐阜城の城主を務めていたんです。そのため、岐阜城の縄張りや弱点などを把握しており、福島正則さんより先に二の丸まで進軍することができたようです。なんか、ドンマイ、正則さん！

本丸を残すのみとなった織田秀信は、切腹を覚悟したものの、家臣や輝政さんなどの説得もあり降伏。こうして岐阜城はわずか一日で東軍に攻め落とされたのです。

ちなみに、岐阜城はただ単に籠城《ろうじょう》していたわけではなく、籠城戦のセオリーである後詰《ごづ》め（援軍）を待っていました。援軍を求めた相手は、石田三成らが本陣としていた大垣城と、現在も天守が残り国宝に指定されている犬山城でした。

しかし、石田三成らが大垣城から派遣した援軍は合渡《ごうど》（岐阜市）まで来たものの、東軍（黒田《くろだ》長政《ながまさ》、藤堂高虎《とうどうたかとら》、田中吉政《たなかよしまさ》など）の奇襲を受けて敗走。一方犬山城からも、東軍が備えの軍勢（山内一豊《やまうちかずとよ》、堀尾忠氏《ほりおただうじ》など）を配置していた上に、井伊直政が内密に降伏を勧《すす》めていたため、援軍は訪れませんでした。犬山城はその降伏勧告を受けて、九月三日に開城しています。

さて、岐阜城落城の翌八月二十四日に、福島正則さんや池田輝政さんは赤坂に着陣。大垣城を包囲するとともに、家康の到着を待ちました。

そして、決戦の前夜。正則さんは本戦でも名誉の先陣を務めることとなり、関ヶ原へ進軍します。霧が晴れていき、正則さんが家臣たちに出陣の合図を出そうとしていた頃、なんと前方で銃撃音が聞こえてくるではありませんか！

「またか！」と福島正則さんが思ったかどうかはわかりませんが、池田輝政さんとのバチバチな関係を取り持ってくれたあの井伊直政が、初陣《ういじん》の娘婿《むこ》（松平忠吉《まつだいらただよし》）を引き連れて抜け駆けをして合戦はスタートしてしまったのです（49P参照）！　正則さん、とことんツイてない（笑）。

「遅れを取るものか！」と正則さんは兵を進め、宇喜多秀家《うきたひでいえ》の軍勢と激戦を繰り広げました。

その頃、池田輝政さんはゆっくりしていました。どこにいたかというと、毛利軍が陣を張った南宮山《なんぐうさん》の約二キロ北の街道沿いでした。JR垂井《たるい》駅から八百メートルほど西に、輝政さんの陣跡が伝えられています。

池田輝政さんは毛利軍の抑え役を任され、大きな戦闘もなく関ヶ原を終えています。

戦後の論功行賞《ろんこうこうしょう》では、福島正則さんには安芸《あき》と備後《びんご》（広島県）に四十九万八千石《ごく》が与えられ、池田輝政さんには播磨《はりま》（兵庫県）に五十二万石が与えられています。そして、正則さんは広島城を、輝政さんは姫路城を現在残るような形へと大改築しています。

ちなみに、それからの運命は正反対。

福島正則さんは一六一九年（元和五）に江戸幕府に無断でお城を修復工事したトラブルの末に高井野《たかいの》藩（長野県高山村）へ減転封《げんてんぽう》となり、死後には家臣が勝手に正則さんを火葬したことでお咎《とが》めを受けて福島家は改易《かいえき》となりました。

一方、池田輝政さんは一六一三年（慶長十八）に亡くなりますが、子孫は姫路藩から鳥取藩、岡山藩などの藩主を務めるなど明治維新まで大名として残ります。

なんだかついてない福島正則さんと、なんだか要領が良い池田輝政さんのドタバタ&バチバチな関ヶ原でした。

堀尾吉晴
堀尾忠氏

ほりお・よしはる
一五四三（天文十二）〜一六一一（慶長十六）

ほりお・ただうじ
一五七八（天正六）〜一六〇四（慶長九）

暗殺事件に巻き込まれる父！
アイディアをパクられる息子！

DOTABATA パラメーター

堀尾吉晴	
統率力	☆☆☆☆
戦闘力	☆☆☆☆☆
冤罪度	☆☆☆☆☆
ドタバタ度	☆☆☆☆☆

堀尾忠氏	
統率力	☆☆☆
アイディア力	☆☆☆☆☆
うかつさ	☆☆☆☆☆
ドタバタ度	☆☆☆

○名城・松江城を築いた尾張出身のいぶし銀武将

戦国武将というと、お城が付き物ですよね。私もお城めぐりが大好きで、執筆現在で三百五十ヶ所以上のお城を攻めました。

お城好きが高じて『ヘンテコ城めぐり』という書籍まで出版させていただきましたが、その中でもご紹介しているのが、島根県松江市の〝松江城〟です。ホント、良いお城ですよね〜。二〇一五年（平成二十七）、現存している天守が国宝に指定されて話題になりましたが、五件目となる天守の国宝指定は、実に六十三年ぶりのことでした。

そんな山陰の名城を築城したのが、堀尾吉晴です。

堀尾吉晴さんは、松江城が築かれた出雲《いずも》（島根県）ではなく、多くの名将を生んだ尾張《おわり》（愛知県）の出身です。堀尾家はもともと御供所《ごごしょ》村（愛知県大口町）の国衆《くにしゅう》で、岩倉《いわくら》城（愛知県岩倉市）

を拠点にする岩倉織田《おだ》家に仕えていました。

尾張という国には、将軍家の足利《あしかが》家から政務・軍務上の実質的トップである守護《しゅご》に命じられた斯波《しば》家、その守護を支えるナンバー2に清洲《きよす》織田家（拠点は清洲城）と岩倉織田家がいました。尾張出身で特に有名な織田信長《のぶなが》は、清洲織田家に仕える家臣でした。織田だらけでややこしいですね（笑）。

さて、堀尾吉晴さんですが、主君である岩倉織田家が、織田信長によって一五五九年（永禄二）に岩倉城を攻め落とされ滅亡。吉晴さんは浪人（フリーター）となります。

その後、織田信長の下で頭角を現し始めていた豊臣秀吉《とよとみひでよし》（当時は木下藤吉郎《きのしたとうきちろう》）の家臣に取り立てられ、運命が一気に開けました。

一六二五年（寛永二）に出版され江戸時代にブームとなった、秀吉の生涯を描いた軍記物の『太閤記《たいこうき》』には、一五六七年（永禄十）の「稲葉山《いなばやま》城の戦い」で、吉晴さんがお城に通じる裏道に秀吉を案内して、落城に繋《つな》げたという有名な逸話が描かれています。

この時、木下藤吉郎は槍《やり》先に付けた瓢簞《ひょうたん》を振って、城下の織田軍に合図を送ったといいます。この縁起を担《かつ》いで、秀吉は馬印に「千成《せんなり》瓢簞」を用いるようになったといわれ、現在は稲葉山城（岐阜城）に発祥の地が伝えられています。

実際の吉晴さんの武功はハッキリとはわかりませんが、秀吉の家臣として成果を挙げたのは確かなようで、重臣へと出世していきました。

一五八二年（天正十）の「備中《びっちゅう》高松城の戦い」では、「本能寺《ほんのうじ》の変」で信長が亡くなったことを知った主君の秀吉が、仇討《あだう》ちをするために敵の毛利《もうり》家と急遽《きゅうきょ》、和睦《わぼく》を締結。この時、和睦の証《あかし》として備中高松城の城主だった清水宗治《しみずむねはる》は船上で切腹することになったのですが、その見届け役に任命されたのが堀尾吉晴さんでした。

その後、秀吉は「中国大返《おおがえ》し」をして畿内に舞い戻り、明智光秀《あけちみつひで》と激突。「山崎《やまざき》の戦い」です。この戦いは、別名「天王山《てんのうざん》の戦い」と称されます。由来は山崎にある天王山（京都府大山崎町）をどちらが先に制圧するかが、勝敗の決め手となったためです。

この天王山を占拠して秀吉軍に勝利をもたらしたとされるのが、堀尾吉晴さんなんです！ただ、この天王山制圧の一件が描かれているのも『太閤記』。この軍記物の著者は、小瀬甫庵《おぜほあん》といいまして、尾張出身の学者さん（主に医者・兵学者）で、「関ヶ原の戦い」の後に吉晴さんの家臣となっている人物です。ちなみに、松江城の縄張りも小瀬甫庵が手掛けたとされています。

つまり、『太閤記』をまとめる時に、お世話になった元主《あるじ》の功績をやや〝盛り〟気味に描いてしまった感が否《いな》めないのです（笑）。

実際、「山崎の戦い」で天王山が勝敗の分かれ目となったという記録は、当時の史料には登場してきません。このあたりの史料精査のドタバタ感も、歴史の面白さの一つかもしれません。

とはいえ、吉晴さんが秀吉の重臣だったことは間違いない事実であり、その後も出世を重ね、「山崎の戦い」の後に丹波《たんば》の黒井城（兵庫県丹波市）の城主に指名されました。黒井城というと、明智光秀の丹波攻めの時に明智軍を散々に苦しめた赤井直正《あかいなおまさ》の居城で、落城後は斎藤利三《さいとうとしみつ》（明智光秀の重臣）の居城となって春日局《かすがのつぼね》（徳川家光《とくがわいえみつ》の乳母）の生誕地となったりしていますね。

その後「若狭《わかさ》・高浜城（福井県高浜町）一万七千石《ごく》」⇓「若狭・国吉城《くによし》（福井県美浜町）二万石」⇓「近江《おうみ》・佐和山城《さわやま》（滋賀県彦根市）四万石」と着々と出世を重ねていきます。

そして、一五九〇年（天正十八）に秀吉が小田原城の北条家《ほうじょう》を滅ぼしにかかった「小田原征《せい》伐《ばつ》」では、北条家の支城である山中城（静岡県三島市）で激戦を繰り広げ、落城させています。

ちなみに、小田原征伐の最中に、戦場での傷が原因で長男の堀尾金助《きんすけ》は病死しています。

しかし、長男を失うほどの戦いぶりを見せた堀尾吉晴さんには、秀吉から新たに浜松城（静岡県浜松市）が与えられ、十二万石の有力大名へとなったのです。

浜松城は徳川家康が居城としていた時期もあり、徳川家のイメージが定着していますが、現在残るような石垣を擁《よう》する近世城郭へと進化させたのは、吉晴さんと考えられています。この後、松江城を築城しますし、吉晴さんは知る人ぞ知る築城名人ともいえるのではないでしょうか。

さぁそして、いよいよ時代は「関ヶ原の戦い」へと突入していきます。

堀尾吉晴さんは合戦で大活躍！……というわけではなく、別の場所でとんでもないトラブルに巻き込まれてしまうのです。

○暗殺現場に遭遇！　犯人に間違えられて大慌て

堀尾吉晴さんは、自らを歴史の表舞台に引き上げてくれた豊臣秀吉が亡くなると、政権の主導権争いを始めた五大老《たいろう》と五奉行《ぶぎょう》の仲介役を務めるようになったといいます。この仲介役は、堀尾吉晴さん以外に、同じく秀吉の重臣だった中村一氏《なかむらかずうじ》（駿河《するが》・駿府城主《すんぷ》）と生駒親正《いこまちかまさ》（讃岐《さぬき》・高松城主）がいたことから「三中老《ちゅうろう》」と称されています。

よく歴史ドラマなどだと、秀吉の死後に大名同士の私婚を勝手に進めていった家康を詰問《きつもん》する使者として登場する三人組です。現代風にいうと、中間管理職的なポジションだったのかもしれません。ただ、これもまた当時の史料からは確認できない役職で『太閤記』などによって広まったものと考えられています。

とはいっても、秀吉の死後も吉晴さんが有力な大名であったことは間違いなく、秀吉の死の翌一五九九年（慶長四）に高齢（当時五十七歳）を理由に隠居《いんきょ》して家督を次男（堀尾忠氏《ただうじ》）に譲った際には、隠居領として越前《えちぜん》の府中《ふちゅう》城（福井県越前市）五万石を与えられています。

そして、時は一六〇〇年（慶長五）。家康が「会津征伐」に向かうと、堀尾吉晴さんも隠居の身ながら参戦します！

ところが、家康は「息子だけでよい」ということで、吉晴さんは越前の領地に帰国することとなりました。

その道すがら、吉晴さんは池鯉鮒《ちりゅう》（愛知県知立《ちりゅう》市）の宿で開かれた宴会に招かれました。

ホストとなったのは刈谷《かりや》城（愛知県刈谷市）の水野忠重《みずのただしげ》。この人物は家康の叔父《おじ》（姉が家康を産んだ於大の方《おだいのかた》）にあたるお方で、吉晴さんと同じく息子（水野勝成《かつなり》）に家督を譲っていたため、領地に留まっていました。そこへ旧友の吉晴さんが通りかかったので、宴会を主催したのです。

宴会にはもう一人、大名が同席していました。その人物というのが、美濃《みの》の加賀野井《かがのい》城（岐阜県羽島市）の城主だった加賀井重望《かがのいしげもち》です。

三人は酒を飲みながらワイワイガヤガヤと談笑。楽しい宴会となりました。

いつの間にか日が暮れて、良い感じでお酒が回った吉晴さんはウトウト寝始めました。

するとなぜか、さっきまでの楽しい雰囲気とは一転！

残りの二人は口論を始め、なんと加賀井重望が水野忠重を斬《き》り殺してしまったのです！

刀の音を聞いて目覚めた吉晴さん、「え？　どういう状況？」と思ったかどうかはわかりませんが、水野忠重を暗殺した加賀井重望は、続いて吉晴さんも殺そうと襲いかかってきました。

そして、取っ組み合いになったものの、そこは歴戦の兵《つわもの》である吉晴さん。逆に加賀井重望を刺し殺して返り討《う》ちに！　こうしてなんとか事なきを得た――わけではありません！

物音を聞きつけた水野忠重の家臣が部屋に押しかけてきたのです。

「主君が殺されている⇒同席した加賀井重望も殺されている⇒堀尾吉晴の手には血の付いた刀⇒犯人は堀尾吉晴じゃ！」

そう解釈した水野家の家臣たちは、主君の仇《かたき》を討とうと、なんと吉晴さんに襲いかかったのです！　吉晴さんは水野家の家臣たちを制しましたが、もちろん聞き入れてもらえません。どう見ても現場状況は、堀尾吉晴＝犯人を示していますので（笑）。

さすがに複数を相手にするのは無理だと考えた吉晴さんは、部屋の灯りを倒して消し、暗闇《くらやみ》に紛《まぎ》れて庭に飛び降り、なんとか逃げ出しました。しかし、この逃走劇の際に水野家の家臣に斬り付けられ、身体には十七ヶ所の傷を負ったといいます。

これで話は終わりません。水野家の家臣たちが「堀尾吉晴が逆意を起こして主君を殺した」と徳川秀忠に報告したのです。

しかし、徳川秀忠は「堀尾吉晴に限って逆意を企《くわだ》てるわけがない」として却下しています。良かった良かった。

その後、事件の真相が明らかになります。

実は加賀井重望は、石田《いしだ》三成《みつなり》もしくは大谷吉継《おおたによしつぐ》が送り込んだ西軍の刺客だったというのです。

加賀井重望は、『寛政重修諸家譜《かんせいちょうしゅうしょかふ》』によれば、石田三成から「水野忠重か堀尾吉晴を討ち取れば重く恩賞を与える」と持ちかけられたとあり、『徳川実紀《じっき》』には大谷吉継から「豊臣秀頼の使者と偽《いつわ》って、江戸城で徳川家康と面会して暗殺をしろ」と命じられたものの、その面会が叶《かな》わなかったため、その帰り道に水野忠重と堀尾吉晴を暗殺しようとしたとあります。

何はともあれ、吉晴危機一髪！　関ヶ原の本戦には参戦しなかった吉晴さんですが、息子の活躍により堀尾家は新たに出雲・隠岐《おき》二十四万石の大大名となったのです。

結末だけ聞くとハッピーエンドですが、堀尾家をめぐる関ヶ原のドタバタは、実は父の堀尾吉晴さんだけではなかったのです。

○「家康支持！」の名案を事前に吹聴して大失敗

前年に家督を譲られ、堀尾家の軍勢を率いて会津征伐に向かっていたのが、当時二十四歳だった堀尾忠氏さんです。

父が巻き込まれた暗殺事件は七月十九日に起きましたが、その六日後に天下の行く末を決定付ける会議が行われたといいます。いわゆる「小山評定《おやまひょうじょう》」です。
「会津征伐」の途上、現在の栃木県小山市辺りまで行ったところで、畿内で石田三成らが挙兵したことを知った家康が、率いている大名たちが自分に味方してくれるかどうかを確認する会議を開いたのです。

　この会議に際して、堀尾忠氏さんにある超大胆なアイディアが閃《ひらめ》きました。

それは「お城も領地も家康様に差し上げる！」というものでした。城主を務めていた浜松城と領地を献上すれば、これから大軍を率いて東海道《とうかいどう》を西上しなければならない（かもしれない）家康にとって、これほどありがたい提案はないことでしょう。

そんな堀尾忠氏さんは、〝閃き〟後に知り合いの山内一豊《やまうちかずとよ》とたまたま会うことになりました。

山内一豊は大河ドラマ『功名《こうみょう》が辻《つじ》』で上川隆也《かみかわたかや》さんが演じたことでもおなじみの尾張出身の武将で、正室の千代《ちよ》（『功名が辻』では仲間由紀恵《なかまゆきえ》さんが演じていた！）の〝内助の功〟で出世したことで知られています。

山内一豊は経歴が父・堀尾吉晴と似ていたところがあって、はじめに仕えていたのは岩倉織田家で、滅亡後に秀吉の家臣となった経歴の持ち主でした。居城も同じく東海道沿いで、掛川《かけがわ》城（静岡県掛川市）の城主を務めていました。

似た経歴、秀吉の重臣、ご近所さんということもあり、堀尾忠氏さんも父同様に山内一豊に心を許していたのでしょう。閃いた名アイディアを山内一豊に話してしまったそうです。

そして、翌七月二十五日。小山評定が開かれました。

『藩翰譜《はんかんふ》』によれば、まず家康が、「妻子を人質に取られている方もいるだろうから、石田三成に味方しても何も恨《うら》むことはない。遠慮なく申し出よ」と諸将に告げると、すぐさま福島正則が家康に味方することを表明。

すると、続いて「お城と領地を差し上げます！」と声が上がります。

その声の主はもちろん堀尾忠氏さん！……ではなく、お察しの通り、山内一豊でした（笑）。

なんと、父の盟友的な存在のふた回りも年上の先輩武将にパクられてしまったんです。忠氏さんも一応、その後にお城と領地を献上する旨を家康に告げますが、後の祭り。手柄は山内一豊に持って行かれてしまいました。ドンマイ、忠氏さん！

しかし、本戦では南宮山《なんぐうさん》の南に陣を張る長宗我部《ちょうそかべ》盛親《もりちか》の牽制《けんせい》にあたり、大きな武功こそ挙げることはなかったものの、東軍に味方した功績で出雲・隠岐二十四万石の大名となったのです。ちなみに因縁《いんねん》の山内一豊は、お城を差し出した功績で、ちゃっかり土佐《とさ》（高知県）一国を与えられています。

その後、堀尾忠氏さんは父とともに出雲に入り、まずは月山富田城《がっさんとだ》（島根県安来市《やすぎ》）を居城としました。しかし、内陸の山城《やまじろ》で不便であることから、新たにお城を築きます。それが松江城なのですが、築城が始まる前の一六〇四年（慶長九）に忠氏さんは急死しています。

一説によると、これまた運が悪いことにマムシに嚙《か》まれて亡くなったといわれています。また、神魂《かもす》神社の立ち入り禁止の聖域にある小成池を強引に見学した後に体調不良となって亡くなったことから、祟《たた》りであるとも伝えられています。

その後、亀田山と呼ばれていた場所に、一六一一年（慶長十六）に父・堀尾吉晴さんによって松江城が完成します。

実はもともと堀尾吉晴さんは、別の場所に松江城を建てようと考えていました。それが亀田山の隣にあった荒隈山《あらわい》です。ここはかつて毛利元就《もうりもとなり》が築いた荒隈城があった場所で、現在は天倫寺《てんりんじ》になっています。それに対して、堀尾忠氏さんは亀田山を提案して二人は親子ゲンカ！　しかし、忠氏さんが急死すると、父・吉晴さんは意見を変え、息子の意志を受け継ぐ形で亀田山に松江城を築城したといいます。

関ヶ原において異なる形のドタバタ劇を演じた堀尾親子。二人によって現在に繋《つな》がる松江の町が造られ、新たに築かれた松江城は地域の誇り、そして日本の宝となり、現代まで受け継がれています。

ちなみに、私ごとですが、松江城にはプライベートだけでなくイベントなどで呼んでいただくことがあり、不思議なご縁を感じているお城の一つです。

松江城には、イベントでもご一緒させていただいた、城内を案内してくれる「まつえ若武者隊」や「時代案内人」の方々がいらっしゃる時がありますので、登城の際には「れきしクンの紹介です！」とぜひ絡んでみてください（笑）。

細川幽斎
ほそかわ・ゆうさい
一五三四（天文三）～一六一〇（慶長十五）

細川忠興
ほそかわ・ただおき
一五六三（永禄六）～一六四五（正保二）

"芸"が身を助けた父！ 妻への執着心で勝利を導いた息子！

DOTABATA パラメーター

細川幽斎		細川忠興	
統率力	☆☆☆☆☆	統率力	☆☆☆☆
歌道	☆☆☆☆☆	愛妻家	☆☆☆☆☆
人脈	☆☆☆☆☆	執着心	☆☆☆☆☆
ドタバタ度	☆☆☆☆	ドタバタ度	☆☆

○父・幽斎――「古今伝授」継承者だったおかげで助かる

二〇二〇年（令和二）度のNHK大河ドラマ『麒《き》麟《りん》がくる』のメインキャラとしておなじみなのが、細川幽斎・忠興親子です。

父の幽斎さんは、もともと室町《むろまち》幕府の足利《あしかが》将軍家に仕えた人物で、実名を「藤孝《ふじたか》」といいます。十三代将軍の足利義輝《よしてる》が「永禄《えいろく》の変」で三好《みよし》三人衆や松永久通《まつながひさみち》（久秀《ひさひで》の子）の軍勢に襲撃されて討《う》ち死にした後、興福寺《こうふくじ》にいた義輝の弟の覚慶《かくけい》（後の足利義昭《よしあき》）を救出。近江《おうみ》（滋賀県）、若狭《わかさ》・越前《えちぜん》（福井県）と逃れた後、織田信長《おだのぶなが》の協力を得て上洛《じょうらく》、足利義昭を十五代将軍に就任させました。

信長と足利義昭が対立すると、幽斎さんは信長に味方。織田家の重臣となると、信長の勧《すす》めによって、明智光秀《あけちみつひで》の娘（玉、ガラシャ）が息子の細川忠興《ただおき》の正室となりました。

「本能寺《ほんのうじ》の変」後は、親戚だった明智光秀ではなく豊臣秀吉《とよとみひでよし》に味方。剃髪《ていはつ》して雅号《がごう》（ペンネーム）を「幽斎」と名乗りました。その後、豊臣政権でも重臣となり、秀吉の死後は徳川家康《とくがわいえやす》と接近。「会津征伐《せいばつ》」へは息子が向かったため、幽斎さんは隠居《いんきょ》城として築いた田辺《たなべ》城（京都府舞鶴市）に留守居《るすい》をしていました。

　すると、そのタイミングで西軍が挙兵！

　周辺の武将たちが西軍へと加担する中、細川幽斎さんは東軍に付くことを決意するのです！

　田辺城に攻め寄せた西軍の武将には、斎村政広《さいむらまさひろ》（130P参照）や、織田信包《のぶかね》（信長の弟）、前田《まえだ》茂《しげ》勝《かつ》（五奉行《ぶぎょう》の前田玄以《げんい》の息子）などがいました。総勢一万五千の大軍でした。

　それに対して、田辺城の軍勢はなんと五百！　少なっ!!!

　西軍は七月十七日に「内府《だいふ》違いの条々」を出して挙兵。田辺城はその二日後の七月十九日から包囲されました。圧倒的な兵力差があったため「すぐさま落城か！」と思われましたが、意外や意外、この「田辺城の戦い」は二ヶ月に及ぶ長期戦となったのです。

　その理由は〝芸〟でした。西軍には、茶道、蹴鞠《けまり》、囲碁、料理、剣術などを究《きわ》めていた文武両道で多趣味の細川幽斎さんと繋《つな》がりを持つ武将もいたため、積極的に田辺城を攻めなかったといわれています。

　芸事の中でも細川幽斎さんが特に得意だったのが〝和歌〟です。そして、キーワードとなるのが「古今《こきん》伝授」です。古今伝授とは、平安《へいあん》時代前期の『古今和歌集』を読み解く奥義《おうぎ》を伝授することです。室町時代中期からスタートした、師匠から弟子に代々継承されていく秘伝の解釈であり、継承者はわずかしかいませんでした。この古今伝授の継承者だったのが、幽斎さんなんです！

田辺城の戦いが始まった段階で、細川幽斎さんは古今伝授を行なっていませんでした。そのため、「幽斎が討ち死にでもしようものなら、和歌の道が廃《すた》れてしまう……。細川幽斎を救え！」と、乗り出した勢力がありました。それが朝廷です。

細川幽斎さんの和歌の弟子だった八条宮《はちじょうのみや》 智仁《としひと》親王（後陽成《ごようぜい》天皇の弟）は、幽斎さんに開城をさせるために、七月二十七日に田辺城へ使者を派遣《はけん》。しかし、この提案を幽斎さんは拒否します。

そして『二十一代集』（二十一種類の勅撰《ちょくせん》和歌集の総称）を後陽成天皇に献上するとともに、八条宮智仁親王に宛てた書状を、使者に一通持たせました。

「古《いにしえ》も、今もかはらぬ、よの中に、心のたねを、のこすことの葉」（今も昔も変わらないこの世の中に、和歌の言葉の元となる心を残そうと思います）

書状には、和歌とともに「古今伝授の証明書」が添えられていました。

つまり、この書状によって、弟子の八条宮智仁親王への古今伝授を済ませた細川幽斎さんは、田辺城を枕《まくら》に、討ち死にする覚悟を表明したのでした。

この緊急事態でついに動いたのが後陽成天皇です。天皇は田辺城の包囲戦を終わらせ、細川幽斎さんを救うために、両陣営に勅使《ちょくし》を派遣！　幽斎さんも天皇の思いを知って開城を決意し、九月十三日に田辺城は西軍へ明け渡されました。

この結果、田辺城を包囲していた西軍は関ヶ原本戦に間に合わず、東軍の勝利の遠因となったのです。戦後、家康は幽斎さんの籠城《ろうじょう》戦を非常に評価して恩賞を与えようとしましたが、幽斎さんはこれを拒否。なんと、田辺城を包囲していた西軍の武将の中で東軍に内通していた者たちの赦免《しゃめん》に奔走《ほんそう》したそうです。

将軍家から信長、光秀から秀吉、豊臣家から家康と、時代を巧《たく》みに生き抜いた政治力は実に見事です。そして、寡兵《かへい》ながら籠城戦を戦い続け、朝廷までも動かす人脈と才能は驚くべきものです。まさに〝芸は身を助ける〟ですね。

○息子・忠興——妻・ガラシャへの異常な〝ラブ〟

そんな和歌の名手である細川幽斎さんの息子が、細川忠興です。

父と同じく文化人の一面を持っていた細川忠興さんは、茶人の千利休《せんのりきゅう》に弟子入りして「利休七《しち》哲《てつ》」（千利休の七人の高弟）の一人にも数えられています。

先にも書いた通り、忠興さんは一五七八年（天正六）に明智光秀の娘の玉（ガラシャ）を正室に迎えています。ところが、「本能寺の変」後は、光秀から誘いを受けるも父とともにこれを拒否。秀吉に味方して、その後は豊臣政権では「豊臣」姓を与えられるなど、有力な大名となりました。

一方で、五奉行の石田《いしだ》三成《みつなり》とは「朝鮮出兵」の軍功や方針などで激しく対立。石田三成を隠居に追い込む襲撃事件にも参加しています。

その後の「会津征伐」では家康の軍勢に加わり、関ヶ原の本戦にも参陣しました。陣地は石田三成の陣地とされる笹尾山《ささおやま》の東、黒田長政《くろだながまさ》の陣地の南側辺りだったとされています。

合戦では百三十六の首級《しゅきゅう》を挙げる活躍を見せ、戦後には豊前《ぶぜん》の中津城《なかつ》（大分県中津市）を与えられ三十九万九千石《ごく》の大大名になりました。その後、小倉城《こくら》（福岡県北九州市）を大改築して拠点を移し、晩年は熊本城に移封《いほう》された三男（細川忠利《ただとし》）とともに肥後《ひご》（熊本県）に移り、自身は八代城《やつしろ》（熊本県八代市）で隠居生活を送り、当地で亡くなりました。

ちなみに、八代城の北の丸跡には現在、細川家の筆頭家老の松井康之《まついやすゆき》と八代城の城主を務めた息子の松井興長《おきなが》を祀《まつ》った「松井神社」が建っています。この地は元々、細川忠興さんが晩年に茶室を構えた場所であり、境内《けいだい》にある樹齢四百年近いとされる「臥龍梅《がりゅうばい》」（熊本県の天然記念物）は、細川忠興さんが自ら庭園に植えた梅の木だと伝えられています。

さて、そんな細川忠興さんですが、東軍を勝利に導いた重要人物の一人なんです。そのキーワードとなるのが「奥さんへの異常な愛情」です！

細川忠興さんは、奥さんのガラシャへの束縛激しいエピソードがあることでおなじみです。有名な逸話だと、細川家の屋敷で仕事をしていた庭師が、ガラシャと目が合って笑顔で挨拶《あいさつ》したのを見て嫉妬《しっと》、その庭師の首を刎《は》ねてしまったというエピソードがあります。それで話は終わりではなくて、細川忠興さんは庭師の首をガラシャの前に置いて「お前に色目を使っていたから成敗《せいばい》した」と言ったといいます。

そんな夫の所業に対して、なんとガラシャは無反応！

細川忠興さんがノーリアクションのガラシャに「お前は蛇《へび》か」と話しかけると、ガラシャは

「鬼の妻には蛇のような女がお似合いでしょう」と無表情で返答したそうです。恐ろしい空気感のご夫婦です（笑）。

また、本能寺の変で義理の父である明智光秀が謀反《むほん》を起こし討ち死にした後のこと。

当時の常識だったら、裏切り者の娘であるガラシャと離縁するところですが、忠興さんはガラシャを手放さず、世間から匿《かくま》うために領地である丹後《たんご》（京都府）の山奥で暮らさせたといいます。

その後、一五八七年（天正十五）の「九州征伐」中にガラシャが黙って洗礼を受けてキリシタンになったため、帰京して大激怒。「五人の側室を持つぞ」とガラシャに冷たくあたるようになり、些細《ささい》なミスをしたガラシャの侍女の鼻や耳を削《そ》ぐなどしたといわれています。

しかし、キリスト教では離婚は認められていないためガラシャは我慢。

その後に起きた「文禄《ぶんろく》の役《えき》（第一次朝鮮出兵）」では、朝鮮半島に渡り各地を転戦した忠興さんは、戦場からガラシャに対して書状を送っています。

「秀吉の誘いに乗らないように」

秀吉は気になった家臣の妻に手を出す癖があったのですが、その誘いには絶対に乗るなとガラシャに注意を促《うなが》しています。

また、会津征伐を控えたタイミングでも、細川忠興さんは妻へのこだわりを見せて、大坂の細川屋敷に残る命令を出しています。

「もし自分がいない時、妻の名誉に危機が及んだ場合、まず妻を殺してから全員切腹するように」

そして、その時が訪れます。西軍挙兵の合図となった「内府違いの条々」が出された七月十七日のこと。石田三成らが東軍の武将たちの妻子を人質として大坂城に移そうと画策したのです。加藤清正《かとうきよまさ》や黒田官兵衛《くろだかんべえ》・長政《ながまさ》親子の正室などは大坂を脱出したものの、細川家の屋敷は押し寄せた西軍の軍勢に囲まれてしまいました。

キリシタンは自害することが禁じられているため、ガラシャは夫の命令通り、留守を任されていた家臣の小笠原秀清《おがさわらひできよ》（少斎《しょうさい》）による介錯《かいしゃく》により亡くなりました。

石田三成らはガラシャの死に驚き、人質作戦を中止にしたといわれています。その後、人質を取られていないこともあり、東軍から西軍に寝返る者はほとんどおらず、東軍の勝利の一因となったと考えられています。つまり、細川忠興さんの妻に対する執着心が東軍の勝利の一端を担ったともいえるかもしれません。

ちなみに、ガラシャが亡くなった時に細川屋敷に稲富祐直《いなとみすけなお》（一夢《いちむ》）という家臣がいました。砲術のプロフェッショナルだった武将で、ガラシャの警護を任されていました。ガラシャが亡くなり、周囲の家臣たちが切腹して屋敷に火が放たれましたが、なんと稲富祐直は細川屋敷から逃亡！　姿をくらませてしまったのです。

自分の愛する妻が亡くなっているのに、勝手に逃げ出した稲富祐直に激怒した忠興さんは、関ヶ原後に稲富祐直を、ガラシャと同じように火炙《ひあぶ》りで殺すために徹底捜索。ところが、家康が「稲富祐直の砲術（稲富流砲術）が絶えてしまうのは惜しい」と考えて、江戸幕府で再雇用してしまったため、細川忠興さんはさすがに手が出せなくなりあきらめています。

また当時、長男（細川忠隆《ただたか》）の妻である千世《ちよ》（前田《まえだ》利家《としいえ》の娘）も細川屋敷にいました。ところが、千世も稲富祐直と同じく細川屋敷を脱出！

「なんで一緒に死なないんだ！」と細川忠興さんはこちらにも大激怒。長男には「離縁して実家に追い払え」と命令を下します。

ところが、長男はこの命令に反発して無視。すると、忠興さんの堪忍袋《かんにんぶくろ》の緒《お》が切れてしまい、なんと後継者に決めていた長男を勘当《かんどう》！　長男は、新たに与えられた豊前に移ることも許されず、京都で祖父である幽斎さんの援助を受けながら静かに暮らすことになりました。

そんなドタバタがあった関ヶ原から二十六年後の一六二六年（寛永三）のこと。細川忠興さんは京都で暮らす長男のもとを訪ね、関係性を修復して勘当を解きました。

その後、隠居地である八代城に長男を招き、八代を与えるから引っ越すように提案しています。

結局断られるんですが、この時をもって、細川家の関ヶ原のドタバタ劇はようやく終焉《しゅうえん》を迎えたのでした。

その後、細川家は細川忠利が熊本城に入った一六三二年（寛永九）以降、二百三十年以上もの間熊本藩の藩主を務め、明治維新を迎えています。そして、細川幽斎さんから十八代目にあたる細川護熙《もりひろ》さんは一九八三年（昭和五十八）から熊本県知事となり〝肥後のお殿様〟に返り咲いています。また、一九九三年（平成五）からは第七十九代内閣総理大臣に就任し、家康に持っていかれた天下の座を三百九十年ぶりに奪還（？）しています（笑）。

黒田官兵衛

くろだ・かんべえ
一五四六（天文十五）～一六〇四（慶長九）

黒田長政

くろだ・ながまさ
一五六八（永禄十一）～一六二三（元和九）

「狙うは天下」――現役バリバリの父 皮肉にもそれを阻止した息子？

DOTABATA パラメーター

黒田官兵衛		黒田長政	
統率力	☆☆☆☆☆	統率力	☆☆☆
知略	☆☆☆☆☆	調略	☆☆☆☆☆
息子との意思疎通	☆	父との意思疎通	☆
ドタバタ度	☆☆☆☆	ドタバタ度	☆☆☆

○隠居軍師・官兵衛、ギラつく天下取りの野望

二〇一四年（平成二十六）にNHK大河ドラマ『軍師官兵衛』の主人公となったのが、ご存知、黒田官兵衛です。実名だった「孝高《よしたか》」や出家後の「如水《じょすい》」という名でも知られています。

ちなみに〝軍師〟ですが、黒田官兵衛さんが生きた時代にはそういう言葉や役職はなかったらしいです。江戸時代に武田《たけだ》家の甲州流軍学をはじめとする軍学が誕生して盛んになると、中国の諸葛亮孔明《しょかつりょうこうめい》などの名軍師の存在がクローズアップされていき、そこから〝日本版軍師〟にあたる戦国武将たちが注目されるようになったようです。

その代表的な存在が、豊臣秀吉《とよとみひでよし》の参謀《さんぼう》的なポジションにいたとされる黒田官兵衛さんでした。

「関ヶ原の戦い」を迎えた時、官兵衛さんは五十五歳。すでに家督を長男の黒田長政に譲り、隠《いん》居《きょ》している身ではありました。しかし、それは建前《たてまえ》上のことで、官兵衛さんはまだまだ現役バリ

バリの武将であり、〝ワンチャン狙い〟の大戦に挑んでいるんです！

播磨《はりま》の姫路城（兵庫県姫路市）に生まれた黒田官兵衛さんは、早くから織田信長《おだのぶなが》に注目して臣従。中国地方に攻め込んできた織田軍の豊臣秀吉（当時は羽柴《はしば》姓）の配下となり活躍をします。中でも一五八二年（天正十）に毛利《もうり》家の備中高松《びっちゅうたかまつ》城を攻めた際には、その立地に注目して水攻めしようと提案したといわれています。

その翌一五八三年（天正十一）からは秀吉の大坂城の縄張り（曲輪《くるわ》や建造物、堀、石垣などを設計すること）を担当。それ以降も「四国征伐《せいばつ》」や「九州征伐」で武功を挙げ、一五八九年（天正十七）に家督を長男の黒田長政さんに譲った後も、秀吉の側近を務めました。

一五九二年（文禄元）からの「文禄《ぶんろく》の役《えき》（第一次朝鮮出兵）」で渡海したものの、秀吉の方針に反対して奉行衆《ぶぎょうしゅう》の石田三成《いしだみつなり》や増田長盛《ましたながもり》などと対立すると、無断で帰国。秀吉の怒りを買ったため、剃髪《ていはつ》して「如水軒円清《じょすいけんえんせい》」と号して、遺書までしたためています。その後、なんとか秀吉には許され、一五九七年（慶長二）からの「慶長《けいちょう》の役（第二次朝鮮出兵）」で再び朝鮮半島に渡っていますが、ここでもまた、息子の長政さんなどとともに、秀吉の代理である奉行衆たちと対立をしています。

そんな中、秀吉が亡くなり、官兵衛さんは帰国して領地である豊前《ぶぜん》の中津（大分県中津市）に帰国。そこから悠々自適に余暇《よか》を過ごしたというわけではなく、官兵衛さんの大勝負がここからスタートします。

黒田官兵衛さんの神懸《かみが》かり的な活躍は、江戸時代以降の史料（『黒田家譜《かふ》』『故郷《こきょう》物語』など）に登場するもので、必ずしも事実であるとは言い難いんですが、それらをベースにしてよく描かれるキャラは完全な〝野心家〟です。

たとえば、先述の備中高松城の水攻め中に「本能寺《ほんのうじ》の変」の報《しら》せを受けて落胆している秀吉に対して、官兵衛さんは「殿の御運が開かれました。天下取りの好機でございます」と声をかけたといいます。仕事上で頼りにはなりますが、友人としてはちょっとコワいですよね（笑）。

また、天下人となった秀吉が近臣たちとの雑談で「わしが死んだ後に誰が天下を取ると思う？」というトークテーマを振った時のこと。近臣たちは「徳川家康《とくがわいえやす》」「毛利輝元《てるもと》」などと名前を挙げますが、秀吉にしてみたらすべて不正解。秀吉は「そこにいる如水よ」と言ったといいます。この類《たぐい》の逸話は蒲生氏郷《がもううじさと》（織田信長の娘婿《むこ》）などにもあるので、よくあるパターンの逸話ともいえますが、官兵衛さんに対する秀吉の評価を示すエピソードとして面白いものです。この時官兵衛さんは、「秀吉に野心を警戒されている！」と感付いて隠居したともいわれています。

そんな黒田官兵衛さんは、秀吉の死後に何かもう一波乱起きることなどは想定済みだったようです。それを物語るように、秀吉の死後、仲良しだった吉川広家《きっかわひろいえ》（214P参照）に中津から宛てた書状には「上方《かみがた》で兵乱が起こるだろう」ということを記しています。

その予言通りに石田三成《いしだみつなり》らが挙兵すると「待ってました！」とばかりにアクションを起こします。大坂にいる家臣たちに正室（光《てる》＝照福院《しょうふくいん》）と義娘（黒田長政さんの正室＝栄姫《えいひめ》）を屋敷から脱出させて中津城まで送らせせました。

そして、息子と同じく徳川家康に味方して東軍に付くことを表明し、中津城に兵を集めました。

しかし、会津征伐に従軍していた黒田長政さんに多くの家臣たちが同行していたため、中津城の兵数はとても少なかったのです。そのため、普段はドケチな黒田官兵衛さんが、中津城の金蔵を開けて大盤振る舞い。百姓や浪人などを雇って、にわかに大軍を作り上げたといいます。噂《うわさ》は噂を呼び、九州のみならず四国や中国からも浪人が集まり、合計の兵力数は自称一万！

黒田長政さんの会津征伐の軍勢が約五千四百ともいわれていますので、倍近くの兵力を凄《すさ》まじいスピードで集めたことになります。「軍師官兵衛すげー！」となる逸話ではあるんですが、兵数は三千六百ほどだったともいわれています。また兵も百姓や浪人が中心とされますが、実際は後に「黒田八虎《はっこ》」と称される黒田家のベスト8家臣である栗山利安《くりやまとしやす》や井上之房《いのうえゆきふさ》、母里友信《もりとものぶ》（福島《ふくしま》正則《まさのり》から名槍「日本号」を〝呑《の》み〟取った福岡県人にはおなじみの偉人）などがいたことを考えると、おそらく官兵衛さんの軍略を称賛するために誕生したエピソードかと思われます。

ただ、確かなこともあります。それは官兵衛さんがメチャクチャに強かったということです！

○快進撃！　豊後・豊前をまたたく間に平定

黒田官兵衛さんが中津城を出陣したのは九月九日のこと。東に兵を進めて、翌九月十日には高田城（大分県豊後《ぶんご》高田市）の竹中重利《たけなかしげとし》に調略をかけて東軍に寝返らせ、またたく間に攻略します。

ちなみに竹中重利は、官兵衛さんと合わせて〝両兵衛（二兵衛）〟と称される、あの竹中半兵衛《はんべえ》（重治）の従兄弟《いとこ》といわれている人物です。「田辺《たなべ》城の戦い」に西軍として兵を派遣《はけん》していたものの、官兵衛さんが東軍に誘ってくれたおかげで、戦後は家康に許されて豊後の府内《ふない》藩（大分市）の初代藩主となっています。

さて、黒田官兵衛さんの猛攻はさらに勢いを増すばかりです。続いてのターゲットとなったのは、富来《とみく》城と安岐《あき》城（いずれも大分県国東《くにさき》市）でした。富来城の城主は垣見《かきみ》一直《かずなお》（石田三成の義兄弟）、安岐城の城主は熊谷直盛《くまがいなおもり》（石田三成と昵懇《じっこん》）。この時二人は、ともに大垣城に籠城《ろうじょう》していました（二人とも関ヶ原本戦の後に東軍に内応した武将たちに暗殺される）。

官兵衛さんがこの二つのお城を包囲して、攻略に取りかかった頃、ある報《しら》せが届くのです。

「大友吉統《おおともよしむね》が豊後に上陸して、木付《きつき》城（大分県杵築《きつき》市。のちに杵築城）を攻め始めた」

詳しくは174Pからの「毛利輝元」の項をご参照いただきたいのですが、かつての豊後の国主である大友吉統が毛利輝元の援助を受けて九月九日に豊後に凱旋《がいせん》して挙兵。九月十日から、東軍の細川忠興《ほそかわただおき》領の飛び地にあった木付城への攻撃を始めたというのです。

黒田軍は二つのお城を包囲する抑えの兵を残して、木付城の救援に向かいました。

大友吉統の軍勢は、木付城の本丸を除いて制圧するなど超優勢でしたが、黒田官兵衛さんの援軍の報せを受けて一時撤退し、両軍は石垣原《いしがきばる》（大分県別府市）で激突します。これが〝九州の関ヶ原〟と称される「石垣原の戦い」です。

東軍には官兵衛さんの軍勢に加えて、木付城から出陣した細川家の軍勢も合流しました。ちなみにこの時、木付城の城代を務めていたのは松井《まつい》康之《やすゆき》（細川家の筆頭家老）という人物です。細川家が一六三二年（寛永九）に肥後《ひご》の熊本へ転封《てんぽう》すると、松井家ももちろんこれに従いました。

そして、八代《やつしろ》城（熊本県八代市）に隠居していた細川忠興が亡くなると、松井康之の息子（松井興長《おきなが》）が八代城の城主となり、その末裔《まつえい》が明治維新まで代々八代城主を務めています。現在、八代城の北の丸跡には、松井康之と松井興長を祀《まつ》った「松井神社」が建てられています。

さて、この「石垣原の戦い」では、当初は大友軍が有利に戦いを進めたものの、黒田官兵衛さんの軍勢の第二陣が到着して戦況は逆転。東軍が大勝利を収めました。そして、官兵衛さんの説得を受けて、大友吉統は九月十五日に降伏しています。

ここからの黒田官兵衛さんの快進撃が、これまたスゴイんです！　豊後の西軍の諸城は次のような感じ。主に官兵衛さんの説得によって攻略or東軍へ寝返った、〈安岐城、富来城、日隈城《ひのくま》（日田市《ひた》）、角牟礼城《つのむれ》（玖珠町《くす》）、岡城（竹田市）、臼杵城《うすき》（臼杵市）〉九月十九日の安岐城の開城に始まり、十月三日の臼杵城の降伏までわずか二週間足らずで豊後を平定したのです。

さらに、関ヶ原本戦で勝利を収めた家康からの指示もあり、続いて小倉城《こくら》（福岡県北九州市）を攻めることとなりました。城主は秀吉が大名になった当初から仕えて黄母衣衆《きほろしゅう》を務め、「関ヶ原の戦い」においては伏見城《ふしみ》を攻めていた毛利勝信《かつのぶ》という人物です。ちなみに、西軍の総大将・毛利輝元とは血縁関係はありません。また、息子の毛利勝永《かつなが》は「大坂の陣」で奮戦したこともあり、真田信繁《さなだのぶしげ》（幸村《ゆきむら》）とともに〃大坂牢人《ろうにん》五人衆（大坂五人衆）〃の一人に数えられています。

黒田官兵衛さんはまず、小倉城の支城である香春岳城《かわらだけ》（福岡県香春岳町）を包囲して降伏を勧告すると香春岳城はそれを受け入れて開城。その勢いのまま、官兵衛さんは小倉城も包囲。城主は上方にいて不在だった上に、脱走兵も相次いだことから十月十四日に降伏して開城となります。

こうして、黒田官兵衛さんは豊後に加えて、アッという間に豊前も平定したのです。しかし、官兵衛さんの〝ワンチャン関ヶ原〟はまだまだ終わりを告げません！

○誤算！「関ヶ原、たった一日で決着」

豊前から向かった先は西の筑前《ちくぜん》（福岡県）でした。当時の筑前の中心的なお城は名島城《なじま》（福岡市）でしたが、コチラは関ヶ原本戦で東軍に付いた小早川秀秋《こばやかわひであき》の居城だったため、東軍の支配下となっていた筑前はスルーして南下。筑後《ちくご》（福岡県）を目指しました。

筑後でまず攻撃したのは久留米城《くるめ》（福岡県久留米市）。城主の小早川秀包《ひでかね》（毛利元就《もとなり》の九男。毛利輝元の叔父《おじ》）が大津城《おおつ》（滋賀県大津市）の攻撃に参加していたため不在ということもあり、黒田官兵衛さんの説得を受けてすぐに開城！

官兵衛さんはさらに南下して、今度は柳川城《やながわ》（柳川市）の攻略に移りました。城主は大津城の戦いに参戦していた立花宗茂《たちばなむねしげ》。官兵衛さんが柳川城の包囲に着陣する前に、立花宗茂は帰国して籠城していたため、東軍に味方していた佐賀城（佐賀県佐賀市）の鍋島直茂《なべしまなおしげ》が城攻めに取りかかっていました。

立花軍と鍋島軍は十月二十日に城下で激突（「江上八院《えがみはちいん》の戦い」）して鍋島軍が勝利を収めています。その二日後の十月二十二日に黒田官兵衛さんは着陣。さらに、小西行長《こにしゆきなが》の宇土城《うと》（熊本県宇土市）を落とした加藤清正《かとうきよまさ》も合流しました。ここでも官兵衛さんが立花宗茂との交渉にあたり、十月二十五日に立花宗茂は降伏し、柳川城は開城となりました。

その後は黒田官兵衛・加藤清正・鍋島直茂・立花宗茂らによる九州オールスター軍団で、薩摩《さつま》（鹿児島県）の島津《しまづ》家を攻める計画が進みますが、十一月十二日に家康が薩摩への討伐《とうばつ》計画を中止とします。ここにきてようやく、わずか一ヶ月ちょっとで豊後→豊前→筑後→筑前と快進撃を続けた黒田官兵衛さんの関ヶ原は終焉《しゅうえん》を迎えたのです。

この戦いの最中の十月四日、官兵衛さんが吉川広家に送った書状の中にこんな一文があります。

「美濃で起きた戦いが今月まで続いていれば、中国に攻め込んで花々しい合戦をするつもりだったが、内府《だいふ》（家康）が早々に勝ってしまい残念である」

つまり、まさか天下分け目の戦いが一日で終わるとは思っていなかった官兵衛さんは、戦いが今月まで長引いていれば、中国地方から上方に攻め入って天下を狙えたかもしれないのに、と言っているのです。まさに現代でも描かれがちな野心家官兵衛そのものなのです。

しかし、黒田官兵衛さんにとって一番の皮肉だったのは、関ヶ原を一日で終わらせたのが、息子・黒田長政さんの大活躍によるものだったことなんです！

○「日本一の大たわけ」——勝利を喜ぶ息子への怒り

黒田長政さんの東軍勝利への貢献は計り知れません。箇条書きでピックアップするとこんな感じ。

・「小山評定《おやまひょうじょう》」で福島正則に「家康へ味方することを表明してくれ」と事前に説得&打ち合わせ。

・西軍への寝返り工作を行って大成功→吉川広家と小早川秀秋を東軍に味方させる。
・本戦では長政さんの軍勢が島左近《しまさこん》（石田三成の側近）を狙撃して戦線離脱に追い込む。

つまりは「東軍の結成→寝返らせる→本戦で活躍」という、調略＆武略と大車輪の活躍を見せたのです。そして、東軍を勝利に導いた長政さんは父へ使者を派遣すると、自分の活躍を誇らしげに報告し、九州での戦いを中止するように連絡してきたのです。実は息子からの使者が訪れたのは、父・官兵衛さんが柳川城を落として薩摩攻めに取りかかろうとしていた時だったのです。

そのため、官兵衛さんは――、

「いくらまだ若いとはいえ、なんと知恵のないことだ！　天下分け目の合戦とは、そのように急いでやるものではない！　まったくもって、物を知らぬ〝日本一の大たわけ〟は甲斐守《かいのかみ》（黒田長政）である！」

めちゃくちゃに大激怒したといいます。

さらに、中津城に戻ってきた長政さんが、「内府は吾《わ》が手を取って、三度も押しいただかれたのです！」と、自分の活躍に大いに感謝した家康が手を握ってくれたことを自慢すると、官兵衛さんはこれを冷ややかに聞き流し、こう聞き返したといいます。

「家康がいただいた手は左の手か？　または右の手か？」

長政さんが「右の手です」と答えると、官兵衛さんは重ねてこう問いかけました。

「その時、左の手は何をしていたのだ？」

つまりは「左手で家康の首を取れたのに、何もしなかったのか⁉」ということです。長政さんは質問の意味を悟《さと》ったのか、問いかけに対しては無言で、官兵衛さんもそれ以上は質問しなかったそうです。

これらの親子エピソードも『故郷物語』など江戸時代以降の史料に登場するものなんですが〝野心家官兵衛〟のキャラそのもので、内容自体は個人的に好きです。

その後、黒田長政さんは関ヶ原の戦いの一番の功労者として「黒田家の子孫代々に至るまで特別の取り扱いをする」という書状を家康からもらい、筑前の名島に五十二万三千石《ごく》の領地を与えられました。

一六〇一年（慶長六）からは福岡城の築城を始め、一六〇七年（慶長十二）に完成しています。この築城時に、もともと「福崎」といわれていた土地を黒田家の先祖ゆかりの地である備前の福岡（岡山県瀬戸内市長船町福岡）から取って「福岡」と名付けたといわれています。

一方、黒田官兵衛さんは筑前に移ってから隠居生活に入り、太宰府天満宮《だざいふてんまんぐう》の境内《けいだい》や福岡城の三の丸（御鷹屋敷）に屋敷を構え、一六〇四年（慶長九）に京都の伏見屋敷で五十九歳で亡くなりました。

その後、父・官兵衛さんが藩祖となり、息子・長政さんが初代藩主となった福岡藩は「黒田騒動」などの御家《おいえ》騒動はあったものの、明治維新まで黒田家が藩主を務めています。

天下を狙っていたかもしれない父と、良かれと思って関ヶ原を一日で終わらせちゃった息子のギャップに、思わずクスッとしてしまう関ヶ原でした。

ピックアップ武将❶

大島雲八

おおしま・うんぱち
一五〇八（永正五）～一六〇四（慶長九）

〇まさに戦国のレジェンド！　まさかの九十三歳で参戦

「関ヶ原の戦い」に参戦した最高齢の武将が大島雲八です！

生まれは一五〇八年（永正五）なので、合戦当時は驚きの九十三歳ということになります。美濃《みの》の関《せき》（岐阜県関市）出身の武将で、当初は織田信長《おだのぶなが》の美濃侵攻で敵対して滅亡するものの、弓の腕を買われて信長の家臣となり、弓大将に抜擢《ばってき》されました。

弓にまつわる武勇伝がいくつか伝わっていまして、江戸時代中期の『寛政重修諸家譜《かんせいちょうしゅうしょかふ》』によると、「敵兵に鉄砲で狙われたが、飛距離に劣る弓で敵を射抜いた」とか「敵兵が木に隠れていたので、木ごと敵の首を射抜いた」とか、ほぼほぼマンガの世界観の逸話が残されています（笑）。

合戦での活躍以外にも、安土《あづち》城（滋賀県近江八幡《おうみはちまん》市）の矢や鉄砲を放つための狭間《さま》（城壁の穴）を造って管理する矢窓切事奉行にも任命されています。

信長の死後は、織田家の重臣だった丹羽長秀《にわながひで》に仕官。その後、豊臣秀吉《とよとみひでよし》の家臣となり、まもなくして豊臣秀次《ひでつぐ》（秀吉の甥《おい》）に仕えることとなりました。

この秀次家臣時代の一五九一年（天正十九）には、主君の命《めい》を受けて、京都の法観寺《ほうかんじ》に今もある「八坂の塔」（五重塔）の五階の窓に十本すべての矢を打ち込む偉業を成し遂げています。当時八十四歳です！

そして、一六〇〇年（慶長五）の「会津征伐《せいばつ》」にも、現役バリバリの大島雲八さんは長男と参戦！

一七一三年（正徳三）の『関原《せきがはら》軍記大成』には、東軍の最前線で戦った大名たちに付随していた小身の部隊の中に「大島雲八」の名前が登場します。

これを信じるならば、どうやら雲八さんは九十三歳にして関ヶ原本戦に参戦していたということになります。まさに戦国のレジェンドです！

実は、次男と三男が西軍に味方してしまったのですが、雲八さんの武功により赦免《しゃめん》され、子孫は明治時代まで旗本《はたもと》として続いています。

晩年は御《お》鷹場《たかば》（江戸幕府の公式の鷹狩り場）の使用も許され、江戸城では将軍の徳川秀忠《とくがわひでただ》と面会、駿府《すんぷ》城（静岡県静岡市）では大御所《おおごしょ》の家康《いえやす》から合戦で挙げた武功についての質問を受けるなど、江戸幕府からもレジェンド扱いをされたそうです。

故郷の関市の大雲寺《だいうんじ》（伊勢町と迫間《はさま》に二つある）にお墓があり、「関鍛治《かじ》伝承館」には大島雲八さんの末裔《まつえい》の方が寄進した愛用の甲冑《かっちゅう》が展示されていますので、ぜひ巡ってみてください！

真田家だけじゃなかった！ 東西で分裂した戦国ファミリー集

二〇一六年（平成二十八）に放送されたNHK大河ドラマ『真田《さなだ》丸《まる》』の主人公といえば真田信繁《のぶしげ》（幸村《ゆきむら》）ですが、あのドラマで知名度をグーンとアップさせたのが、草刈正雄《くさかりまさお》さんが演じた父・真田昌幸《まさゆき》と、大泉洋《おおいずみよう》さんが演じた兄・真田信幸《のぶゆき》（信之）でした。

関ヶ原をめぐる真田親子の名場面というと、やはり「犬伏《いぬぶし》の別れ」です。下野《しもつけ》の犬伏（栃木県佐野市）で石田《いしだ》三成《みつなり》の挙兵を聞いた真田昌幸は、息子二人を呼んで、東西のどちらに付くかを会議。昌幸は石田三成と奥さん同士が姉妹、信繁は奥さんが大谷吉継《おおたによしつぐ》の娘ということで西軍に、信幸は奥さんが本多《ほんだ》忠勝《ただかつ》（徳川家康《とくがわいえやす》の重臣）の娘ということで東軍に味方することに決まったというものです（佐野市には三人が会議をしたと伝わる新町薬師堂が伝えられています）。この有名なエピソードは、幕末から明治時代初期にかけて書かれた『名将言行録《げんこうろく》』に初登場するものです。実際には真田昌幸と息子二人は別行動だったようなので、史実とはいえないのですが、関ヶ原前夜の代表的なシーンです。

その後、昌幸と信繁は上田《うえだ》城（長野県上田市）に戻って、徳川秀忠《ひでただ》の大軍を翻弄《ほんろう》。ついに落城することはありませんでしたが、戦後に改易《かいえき》、高野《こうや》山《さん》に蟄居《ちっきょ》を命じられました。昌幸は高野山の九度山《くどやま》で亡くなり、信繁は「大坂の陣」で豊臣軍に参加、討《う》ち死にをしました。

さて、関ヶ原のドタバタな親子分裂は、真田家がかなり有名ですが、実は他にも分裂した家族がいたんです。一挙にご紹介いたします！

○前田家《まえだ》〈東軍〉兄・前田利長《としなが》×〈西軍〉弟・前田利政《としまさ》

↓弟の領地・能登《のと》（石川県）は没収、兄に与えられる。

○宇喜多家《うきた》〈東軍〉従弟・宇喜多詮家《あきいえ》（坂崎直盛《さかざきなおもり》）×〈西軍〉従兄・宇喜多秀家《ひでいえ》

↓秀家は改易となり、助命されるも八丈島《はちじょうじま》へ島流しに（237P参照）。

○九鬼家《くき》〈東軍〉子・九鬼守隆《もりたか》×〈西軍〉父・九鬼嘉隆《よしたか》

↓息子からの助命嘆願が家康に承諾されるも、家臣が切腹を促《うなが》したため父は自害。

○蜂須賀家《はちすか》〈東軍〉子・蜂須賀至鎮《よししげ》×〈西軍〉父・蜂須賀家政《いえまさ》

↓父は西軍への加担を拒否、剃髪《ていはつ》して高野山に。屋敷の軍勢が西軍に加担するも許される。

○生駒家《いこま》〈東軍〉子・生駒親正《ちかまさ》×〈西軍〉父・生駒一正《かずまさ》

↓父は「田辺城《たなべ》の戦い」に家臣を代理で派遣《はけん》するも、息子の活躍によって許される。

○小出家《こいで》〈東軍〉次男・小出秀家《ひでいえ》×〈西軍〉父・小出秀政《ひでまさ》、長男・小出吉政《よしまさ》
↓父と長男は「田辺城の戦い」に参加するも、次男の活躍により赦免《しゃめん》。

○佐竹家《さたけ》〈東軍〉父・佐竹義重《よししげ》×〈西軍〉子・佐竹義宣《よしのぶ》
↓父が以前から徳川家康や秀忠と懇意だったため、息子の赦免を嘆願。許されるが常陸《ひたち》（茨城県）から出羽《でわ》・秋田（秋田県）へ減封《げんぽう》&転封《てんぽう》に。

○仙石家《せんごく》〈東軍〉父・仙石秀久《ひでひさ》×〈西軍〉子・仙石秀範《ひでのり》
↓父により勘当《かんどう》され浪人となった息子は、京都で寺子屋の先生に。その後、「大坂の陣」で豊臣軍となるも、合戦中に行方不明に。

○鍋島家《なべしま》〈東軍〉父・鍋島直茂《なおしげ》×〈西軍〉子・鍋島勝茂《かつしげ》
↓息子は「伏見《ふしみ》城の戦い」に参戦するも、父からの報《しら》せにより戦線離脱、ともに九州の西軍の城を攻めたため許される。

○大島家《おおしま》〈東軍〉父・大島雲八《うんぱち》、長男・光成《みつなり》×〈西軍〉次男・大島光政《みつまさ》、三男・光俊《みつとし》
↓父と長男の活躍で次男と三男は許され、江戸幕府の旗本《はたもと》となる（100P参照）。

第二部
関ヶ原場外乱闘

東軍と西軍に分かれた戦いは関ヶ原以外にも全国各地で起きていた！

「東北や九州で野心ギラギラの名将」「天下に書状で啖呵を切った知将」

「まさかの〝東軍VS東軍〟の戦いを演じた武将たち」

などなど、場外ドタバタ劇をご紹介！

加藤清正

実は野心と欲のカタマリ!?
秀吉の忠臣は九州で虎視眈々！

かとう・きよまさ
一五六二（永禄五）～一六一一（慶長十六）

DOTABATA パラメーター

統率力	☆☆☆
小西嫌い度	☆☆☆☆☆
対・誾千代	☆
ドタバタ度	☆☆☆

○「関ヶ原」に参戦できず――〝干された〟猛将

関ヶ原本戦には「あ、あの人、関ヶ原にはいなかったんだ」という有名武将が結構います。たとえば、本書でもピックアップしている伊達《だて》政宗《まさむね》や毛利《もうり》輝元《てるもと》、黒田《くろだ》官兵衛《かんべえ》などがそうですが、加《か》藤清正《とうきよまさ》もそうしたメジャー武将の一人です。

加藤清正さんは、本戦で活躍した福島正則《ふくしままさのり》と同じく、豊臣秀吉《とよとみひでよし》の親戚筋の出身だったといわれています。

母親が大政所《おおまんどころ》（秀吉の母）の従姉妹《いとこ》（妹とも）だったとされ、秀吉が一五七三年（天正元）に長浜城（滋賀県長浜市）を与えられて城持ち大名となると、十二歳の清正さんは小姓《こしょう》として雇われたといいます。

その後は、ご存知の通り、秀吉の下で各地を転戦。一五八三年（天正十一）の「賤《しず》ヶ岳《たけ》の戦い」では、柴田《しばた》勝家《かついえ》の軍勢と戦って武功を挙げ、「賤ヶ岳の七本槍《やり》」（特に活躍した七人の秀吉家臣）の一人に数えられています。ちなみにこの七人の内、関ヶ原で東軍に付いたのは、清正さんの他に福島正則・加藤嘉明《よしあき》・平野《ひらの》長泰《ながやす》・脇坂安治《わきざかやすはる》（本戦で東軍に寝返る）がいました。残りの片桐且元《かたぎりかつもと》（戦後に赦免《しゃめん》）・糟屋《かすや》武則《たけのり》（戦後に改易《かいえき》）は西軍に付き、敵味方に分かれています。

その後、一五八八年（天正十六）には、薩摩《さつま》（鹿児島県）の島津《しまづ》義久《よしひさ》（義弘《よしひろ》の兄）を降伏させて九州を平定した秀吉の命令で、肥後《ひご》（熊本県）十九万五千石《ごく》の大名となりました。一五九一年（天正十九）から茶臼山《ちゃうすやま》の古城（千葉城と隈本城《くまもと》）の大改築を開始。十六年後に完成したのが〃日本三名城〃に数えられる「熊本城」です。

そんな加藤清正さんが、天下分け目の関ヶ原の時にどこにいたかというと、領地の熊本でした。「九州は西軍の大名が多かったから、家康から九州の監視と平定を命じられた」というような感じで描くと、ドラマのような展開になるんですが、実情はそうではありません。実はこの時、清正さんは家康から上洛《じょうらく》を禁止され、領地での謹慎《きんしん》が命じられていたんです。つまり、中央政権からは完全に干されていたのです。

秀吉の天下取りを支えた名将がなぜ⁉

〇〃小西行長嫌い〃がなければ西軍に付いていたかも？

加藤清正さんは、郷土の偉人として愛され続けていることもあり、秀吉に忠義を尽くし続けた〃ピュアでフェアな忠臣〃のイメージが定着しています。しかし、清正さんも乱世を生き抜いた一人の戦国武将です。〃野心&欲〃を当然持ち合わせていました。それが謹慎の原因となったのです。

関ヶ原の前年の一五九九年（慶長四）にお隣の薩摩の島津家では御家《おいえ》騒動が勃発《ぼっぱつ》していました。「庄内《しょうない》の乱」です。

島津家の次期当主に内定していた島津忠恒《ただつね》（義弘の子）が、島津家の筆頭家老である伊集院忠棟《いじゅういんただむね》を伏見《ふしみ》（京都市伏見区）の島津屋敷で自ら斬殺《ざんさつ》。父を殺された伊集院忠真《ただざね》は、居城の都城《みやこのじょう》（宮崎県都城市）に籠城《ろうじょう》して、十二外城《とじょう》（十二ヶ所の支城）とともに主家に叛旗《はんき》を翻《ひるがえ》したのです。

結局は家康の仲介があって和睦《わぼく》となったのですが、清正さんは隣国の薩摩への領地拡大や九州での主導権を狙ったのか、なんと伊集院忠真と裏で通じて、武器や兵糧《ひょうろう》などの援助をしたといいます。

家康は自らの政治力をアピールするため、半ば強引に島津家の内乱に干渉《かんしょう》して、なんとか和睦にこじつけたこともあり、清正さんが反乱軍に味方していたことを知って大激怒しました。

その結果、「会津征伐《せいばつ》」への参加もNGとなり、結果として関ヶ原の本戦時には熊本にいることになったんです。

ということはですよ。家康と関係が悪化した加藤清正さんは、九州において西軍として戦う可能性も十二分にあったわけです。実際、毛利輝元などからも西軍への誘いの連絡が届いています。

しかし、清正さんは東軍に付くことを決意します。

この判断には、もちろん家康の圧倒的な権力もあったと思いますが、これまた野心&欲が関係していたようです。

加藤清正さんは肥後に領地を与えられましたが、領地だったのは北半分のみ。南半分は小西行《こにしゆき》長《なが》（209P参照）の領地でした。この二人、とにかく仲が悪い。

領地が接していたための隣人トラブル、宗教の違い（加藤清正は日蓮宗《にちれん》、小西行長はキリスト教）、朝鮮出兵での深い確執（小西行長の讒言《ざんげん》で強制帰国、謹慎）などなど、様々な要因が重なり、同じ秀吉配下の大名ながら度々対立をしていました。

その小西行長が「関ヶ原の戦い」において上洛、石田三成《いしだみつなり》らと挙兵をして本戦に参加しています。

「嫌いなあいつは不在。兵力は手薄だし、領地を攻め取るチャンス到来！」

ということで、加藤清正さんは関係が冷え込んでいたはずの家康に味方することを早々に決意し、同じく九州で留守番をしていた中津城《なかつ》（大分県中津市）の黒田官兵衛と連絡と取り合い、東軍として出陣したのです。

まず目指したのは木付城《きつき》（大分県杵築市《きつき》。のちに杵築城）。東軍の細川忠興《ほそかわただおき》の支城だった木付城には、毛利輝元の援助で豊後に上陸したかつての国主である大友吉統《おおともよしむね》（宗麟《そうりん》の子）の軍勢が攻め寄せていました。

清正さんはこの援助に向かったのですが、到着するより先に、黒田官兵衛が「石垣原《いしがきばる》の戦い」で大友吉統を撃破したため、肥後に兵を戻します。

そして、向かった先は宇土城《うと》（熊本県宇土市）！　憎き小西行長の居城でした。

九月二十一日に城下町を焼き払って包囲します。ちなみに、この二日前に関ヶ原から落ち延びていた小西行長は発見されて東軍に捕縛されています。

宇土城の包囲戦が続く中、弟・島津義弘が西軍に付いていた島津義久が挙兵。加藤清正さんの飛び地である佐敷城《さしき》（熊本県芦北町）を攻め始めました。そちらは重臣の加藤重次《しげつぐ》（もともとの名字は「渋谷」だが加藤清正から「加藤」をもらった佐敷城の城代）が巧《たく》みに籠城戦を繰り広げたため、何とか落城は免《まぬが》れている状況でした。

そんな戦況下で、清正さんのもとに「西軍の敗北&小西行長の処刑」の報《しら》せが届き、それを交渉材料として宇土城に和睦を勧告。宇土城を守っていた小西行景《ゆきかげ》（隼人《はやと》とも。小西行長の弟）は切腹して、宇土城は清正さんの手に落ちました。

時を同じくして島津家にも報せが届いたため、佐敷城の包囲は解かれて約一ヶ月にわたる籠城戦も終結しています。

十月十七日には、宇土城に続いて、小西行長の支城である八代城《やつしろ》（熊本県八代市）も手に入れた加藤清正さんですが、まだまだ戦《いくさ》は終わりません。

○さすがの清正も恐れた〝鬼嫁〟

今度は兵を北に向けた加藤清正さんは、柳川城《やながわ》（福岡県柳川市）を目指しました。城主は、西軍として大津城《おおつ》（滋賀県大津市）を攻めた立花宗茂《たちばなむねしげ》です。

関ヶ原本戦に参加できなかった立花宗茂は、大坂城を出て、居城の柳川城に戻っていました。そこに、加藤清正さんをはじめ、黒田官兵衛や鍋島直茂《なべしまなおしげ》など九州の東軍が攻め寄せたのです。

この時、清正さんは柳川城から約五百メートル南の宮永村《みやなが》という城下町の地域に近づきました。すると、家臣が慌《あわ》てて進言します。

「この街道を進むと、宮永という場所を通ることになります。ここは〝立花宗茂夫人〟の屋敷がある場所です。柳川の領民は立花家を大変に慕《した》っているため、宮永館に近づいたとあれば、みな武装して攻め寄せてくると思われます」

立花宗茂夫人というのは立花誾千代《ぎんちよ》のことです。わずか七歳で父（大友家の重臣・立花道雪《どうせつ》）から家督を譲られた、リアル女城主だったお方です。女中を率いて軍事訓練を行ったり、誾千代に手をつけようとした秀吉に武装して面会したり、と武勇伝に事欠かないお姫様でした。

元女城主という経歴もあって、立花家に婿《むこ》に入った夫の宗茂とは仲が悪く、〝城内別居〟状態でした。そのため、城下町に立花誾千代の屋敷があったのですが、加藤清正さんは危うくその近くを通過しそうになったというわけです。

「あいつ（誾千代）はヤバい！」と思ったかどうかはわかりませんが、清正さんは立花誾千代との衝突を避けて、軍勢をわざわざ迂回《うかい》させたといわれています（立花誾千代は武装して出陣、まずは鍋島直茂を鉄砲隊で撃退し、宮永村に攻め寄せてきた清正さんを威嚇《いかく》して迂回させた、とも伝えられています）。

その後、柳川城は加藤清正さんと黒田官兵衛の説得で十月二十五日に開城となり、清正さんの関ヶ原は終焉《しゅうえん》を迎えました。そして戦後には、小西行長の旧領を狙い通りにまるっと与えられ、五十二万石の大大名となっています。

〝隣国の御家騒動への介入から干され〟からの、チャンスと見て宿敵の領地への侵攻。さらに、西軍のお城攻撃と〝鬼嫁〟への警戒と、加藤清正さんの九州でのドタバタ劇でした。

伊達政宗

だて・まさむね
一五六七（永禄十）～一六三六（寛永十三）

オレのこと忘れてないかい？
東北にて野心ギラギラさせてます！

DOTABATAパラメーター

統率力	☆☆☆☆
野心	☆☆☆☆☆
自業自得度	☆☆☆☆☆
ドタバタ度	☆☆☆☆☆

○「関ヶ原」に乗じた領地奪還の策謀

「好きな戦国武将」のアンケートで必ず上位にランクインしてくる人気武将といえば〝独眼竜《どくがんりゅう》〟のニックネームで知られる伊達政宗です。

伊達政宗さんは、関ヶ原本戦には参戦していないんですが、果たして当時何をしていたのか？　その答えは簡単です。御年《おんとし》三十四歳の政宗さんは、東北でまだまだ野心をギラつかせていました（笑）。

豊臣秀吉《とよとみひでよし》の死後、伊達政宗さんは徳川家康《とくがわいえやす》と急接近しています。家康が問題視された大名との私婚の一つは政宗さんとのもので、家康の六男（松平忠輝《まつだいらただてる》）と伊達政宗さんの娘（五郎八姫《いろはひめ》）との結婚だったりします。

そのため「会津征伐《せいばつ》」の際にも、もちろん家康に従って参戦。ただ、会津へ向かうルートが違いました。この時、政宗さんは居城の岩出《いわで》山《やま》城（宮城県大崎市）から出陣しています。

ちなみに、「伊達政宗」というと「仙台」のイメージが強いですが、政宗さんが仙台城（青葉城）を築いて仙台という街を造り上げるのは、「関ヶ原の戦い」後のことになります。

この会津征伐の時、伊達政宗さんは参戦武将の中でもトップクラスで張り切っていました。なぜならば、伊達政宗さんは会津征伐のドタバタに乗じて、領地奪還を狙っていたからです。

伊達政宗さんはもともと、長井（置賜《おきたま》）郡・信夫《しのぶ》郡・伊達郡（福島県北部と山形県南部）を支配していました。ところが、一五九〇年（天正十八）の「奥州仕置《おうしゅうしおき》」（秀吉による東北の領地配分の整理）によって当時の領地は没収。替わりに与えられたのが、岩出山城のある玉造《たまつくり》郡をはじめとする十三郡（宮城県北部・岩手県南部）でした。

会津征伐をきっかけに「ワンチャン、上杉景勝《うえすぎかげかつ》の領地を奪えるかも」と南下を開始。まずは支城である北目《きため》城（宮城県仙台市）に入城し、家康が江戸城を出陣したのと同じ一六〇〇年（慶長五）七月二十一日に上杉家の支城に向かって出陣しました。

そして、伊達政宗さんの城攻めは七月二十四日に決行されました。これが強い強い！

伊達政宗さんが率いる軍勢が攻めたのは白石《しろいし》城（宮城県白石市）でした。このお城は、上杉家の領地の入り口の一つ（信夫口＝家康から命じられた担当部署だった）を守る重要な支城でした。

このお城に対して伊達政宗さんは、〝小十郎《こじゅうろう》〟の通称で有名な側近の片倉景綱《かたくらかげつな》（後に白石城主に）らに命じて城下を焼き払って総攻撃を仕掛けました。白石城はこの日のうちに本丸を残すのみとなり、翌二十五日には降伏。伊達政宗さんはわずか二日で要衝《ようしょう》を攻略したのです。

また同日には、別働隊（総大将は家臣の桜田元親《さくらだもとちか》）が河股《かわまた》城（福島県川俣町）をわずか一日で攻略。上杉家の援軍が駆け付ける前にお城を焼き払い引き揚げています。伊達政宗さん、強い！

ところが、事態は思わぬ方向に……。

政宗さんが白石城を陥落させた七月二十五日のこと。下野《しもつけ》の小山《おやま》（栃木県小山市）で「小山評定《ひょうじょう》」が開かれ、家康が率いる軍勢は西上することになり、会津征伐は中止となったのです。

西上することになった家康は、上杉景勝に背後を突かれる可能性もあるため、政宗さんには行動の自重を求めました。ただ、そんなことを言っても「伊達政宗は何をしでかすかわからない」と思ったのでしょう。八月十二日に家康は、政宗さんに書状を送っています。

「苅田《かった》　伊達　信夫　二本松　塩松　田村　長井　七ヶ所の領地を与える」

なんと、上杉家の領地を新たに与えるという約束の書状を伊達政宗さんはゲットしたのです！

その領地の合計は約五十万石《ごく》！　現在の領地（五十七万石）を含めると百七万石という大領となります。そのため、この書状は「百万石のお墨付《すみつ》き」と呼ばれています。これで念願の領地奪還が果たせることとなったのです。

○「百万石のお墨付き」が反故に――〝やり過ぎた〟独眼竜

百万石のお墨付きをもらった伊達政宗さんは、その後に最上義光《もがみよしあき》へ援軍を派遣《はけん》します。

最上義光は山形城を居城とする出羽《でわ》（山形県・秋田県）の戦国大名で、伊達政宗さんの伯父《おじ》にあたるお方です。

その最上義光の領地に、直江兼続《なおえかねつぐ》を総大将とした上杉軍が攻め込んできたのです。

米沢城を九月九日に出陣した直江兼続の軍勢の勢いは凄《すさ》まじく、最上家の支城を次々に攻略して北上。関ヶ原本戦が行われた九月十五日には、本拠地の山形城から南西に六キロほどしか離れていない長谷堂《はせどう》城に攻撃を開始しました。いわゆる「長谷堂城の戦い」です。

長谷堂城は寡兵《かへい》ながら、城将の志村光安《しむらあきやす》が巧《たく》みに戦い、なんとか持ちこたえました。

その攻城戦が始まった日に、最上家からの援軍要請を受けた伊達政宗さんはすぐさま援軍（総大将は叔父《おじ》の留守政景《るすまさかげ》）を派遣。九月二十二日に山形城下に到着し、戦況は膠着《こうちゃく》状態となりました。

上杉軍は九月二十九日に総攻撃を再び仕掛けますが、この日に関ヶ原本戦で西軍が敗れた報《しら》せを受けた直江兼続は、米沢城への退却を決定。十月一日から撤退が始まりました。

これを受けて、終始押され気味だった最上義光は、甥《おい》の伊達政宗さんの援軍もあるので上杉軍を追撃。最前線で戦った最上義光が兜《かぶと》に銃弾を受けるほど（銃痕のある兜は最上義光歴史館に現存）の激しい戦闘となるものの、直江兼続は難易度の高い撤退戦を見事にやり遂げています。

こうして「北の関ヶ原」とも呼ばれる〝最上義光&伊達政宗さんVS上杉軍（直江兼続）〟の戦い、いわゆる「慶長出羽《けいちょうでわ》合戦」は幕を閉じました。

一方、関ヶ原本戦では東軍が勝利。家康から「もう戦わなくてよいです」という旨の連絡も届き、あとは「百万石のお墨付き」の約束が果たされるのを待てばよいわけなんですが、その後も伊達政宗さんは上杉家への攻撃を中止していないんです。そんな中で「松川の戦い」という合戦が起きています。

伊達政宗さんは上杉家の福島城（福島県福島市）を手に入れようと、また北目城を出陣して南下。松川を挟んで福島城主の本庄繁長《ほんじょうしげなが》（上杉家の重臣）と対峙《たいじ》しました。しかし、上杉家の支城である梁川城《やながわ》（福島県伊達市）の須田長義《すだながよし》が援軍に駆けつけ、伊達本隊の小荷駄隊《こにだたい》（兵糧《ひょうろう》や武具を運ぶ部隊）を奇襲されて大混乱。伊達政宗さんは北目城へ撤退をしました。

この「松川の戦い」が起きたのは、一六〇〇年（慶長五）十月六日や、翌一六〇一年（慶長六）四月二十六日など諸説あり内容もまちまちです。

さてさて、松川では敗れたものの、伊達政宗さんが東軍に味方して大きく貢献したことは間違いありません。その功績によって新たに与えられた領地の合計は——二万石でした。

「え？　あれ？　二万石？　百万石は？」

そうなんです、あの百万石のお墨付きは破棄《はき》されてしまったのです！

一体全体なぜ⁉

老獪《ろうかい》な家康によって一方的に反故《ほご》にされてしまったのかというと違います。問題は伊達政宗さんにありました。

まず、「もう戦うな」という家康からの命令が下されているにもかかわらず、政宗さんが上杉家の領地にちょこちょこちょっかいを出していたことが、家康の反感を招いたようです。

というか、そんなことよりも、もっとどデカイ〝やらかし〟を伊達政宗さんはやっています。それが「岩崎一揆《いっき》」（和賀《わが》一揆）の扇動《せんどう》でした。これが約束を反故にされた主な原因かと思われます。

この一揆の主導者は、和賀忠親《ただちか》という武将でした。

もともと岩崎城（岩手県北上市）を拠点とする国衆《くにしゅう》だったのですが、秀吉の奥州仕置で改易《かいえき》となり、岩崎城も破却《はきゃく》となっていました。この悲運の武将に声をかけたのが伊達政宗さんです。

「援軍出すから、旧領奪還のために一揆しません？」

伊達政宗さんに乗せられた和賀忠親は、伊達家の援軍（総大将は白石宗直《しろいしむねなお》）を得て、二子城《ふたご》（北上市）で挙兵！

関ヶ原当時、かつての和賀忠親の領地を治めていたのは盛岡城（岩手県盛岡市）を拠点とする南部利直《なんぶとしなお》でした。南部利直は、伊達政宗さんと同じく会津征伐に参加していたため、領地を留守にしていました。

おそらく和賀忠親は、そういった情報を黒幕の伊達政宗さんから仕入れていたのでしょう。南部利直が不在の隙《すき》を突いて、南部家の支城である花巻城《はなまき》（岩手県花巻市）に夜襲を仕掛けたのです。まだ東北には関ヶ原本戦の結果が届いていない一六〇〇年九月二十日の出来事でした。

この「花巻城の夜討《ようち》ち」と呼ばれる奇襲作戦は、お城の留守を守る城将の北信愛《きたのぶちか》（戦国好きからは「愛ちゃん」のアダ名で呼ばれている・笑）が、寡兵《かへい》ながら巧みに守り抜いたため失敗に終わっています。

この一揆を扇動してしまった、というか、援軍まで派遣してしまった伊達政宗さんは、戦後にそれがバレてしまい、百万石のお墨付きは破棄されてしまったというのです。そりゃもう、自業自得《じごうじとく》としかいいようがありません（笑）。

ちなみに、岩崎一揆は翌一六〇一年に鎮圧され、首謀者の和賀忠親は自害しました。これは伊達政宗さんに被害が及ばないために切腹をしたとされていますが、政宗さんが暗殺をしたともいわれています。

伊達政宗さんは、一揆が鎮圧された同年に、家康から許可を得て拠点を仙台に移転することに決定。古城（千代城《せんだい》）跡に、新たに仙台城を築いて本拠地とし、現代に繋《つな》がる仙台の街づくりを行っています。

その後もなぜか将軍からは慕《した》われ続け、二代将軍・徳川秀忠《ひでただ》、三代将軍・徳川家光《いえみつ》（秀忠の子）に仕えています。特に徳川家光は、伊達政宗さんを「伊達の親父殿《おやじどの》」と呼ぶなど、晩年は江戸幕府の御意見番的な存在となっています。関ヶ原の戦いに関わった多くの武将たちがお亡くなりになっていった中で、伊達政宗さんの没年は一六三六年（寛永十三）のこと。享年は七十でした。

ちなみに、本書でピックアップした武将たちの中で最後にお亡くなりになったのが、一六五五年（明暦元）に八丈島《はちじょうじま》で亡くなった宇喜多秀家《うきたひでいえ》（237P参照）ということは知っていたんですが、宇喜多秀家の前は誰だったんだろうと気になって調べてみました。

「伊達政宗さんかな？」と思っていたのですが、違いました。政宗さんよりも後に亡くなっている人物が一人だけいるのです。誰だかわかりますか？

正解は――細川忠興《ほそかわただおき》（82P参照）です！

細川忠興の没年は一六四五年（正保二）、享年八十三というご長寿だったそうです。

伊達政宗さんは、本当にエピソードに事欠かないメチャクチャ面白い武将です。関ヶ原にまつわるドタバタは以上ですが、その前後にも多くのユニークな逸話が残されていますので、続きは拙著『ポンコツ武将列伝』にてどうぞ！

上杉景勝
直江兼続

うえすぎ・かげかつ
一五五五(弘治元)〜一六二三(元和九)

なおえ・かねつぐ
一五六〇(永禄三)〜一六一九(元和五)

〝笑わぬ殿〟とクールな執政
大胆不敵な「直江状」でケンカ上等!?

DOTABATA パラメーター

上杉景勝		直江兼続	
統率力	☆☆☆☆	統率力	☆☆☆☆
兼続への信頼	☆☆☆☆☆	文筆力	☆☆☆☆☆
口数	☆	論破力	☆☆☆☆☆
ドタバタ度	☆☆☆	ドタバタ度	☆☆☆☆

○元祖(?)〝笑わない男〟とそれを支える忠臣の名コンビ

関ヶ原の戦いの発端となったのは、本書で何度もご紹介した通り「会津征伐《あいづせいばつ》」です。徳川家康《とくがわいえやす》が会津(福島県会津若松市)の上杉景勝《うえすぎかげかつ》に謀反《むほん》の疑いありとして討伐《とうばつ》しようとした、この会津征伐が決行されるきっかけとなったのが、江戸時代から有名だった「直江状《なおえじょう》」です！

上杉景勝さんは〝越後《えちご》の龍〟や〝軍神《ぐんしん》〟と称される上杉謙信《けんしん》の甥《おい》で、養子となって上杉家を継いだ人物。

江戸時代初期の『上杉将士書上《しょうししょじょう》』などによると、「小柄で普通の人よりも目力《めぢから》があり、普段はほとんどしゃべることもなく、その笑顔を見た家臣は誰もいなかった」といいます。そのため、家臣たちは謁見《えっけん》する時は、緊張感で脇汗《わきあせ》ビッチョリだったとか。ラグビー日本代表の稲垣啓太《いながきけいた》選手に四百年以上先駆けての〝笑わない男〟だったわけです。

ただ、一度きりですが、側近だけが笑顔を見たという逸話もあります。なんでも、ペットの猿が自分の頭巾《ずきん》を被《かぶ》って、景勝さんの真似《まね》をするように、手を突き出して頷《うなず》いた姿を見てニコッと笑ったとか。

このストイック五大老《たいろう》の景勝さんを支えた右腕が、NHK大河ドラマ『天地人《てんちじん》』の主人公にもなった直江兼続《かねつぐ》さんです。幼少期から近習《きんじゅう》として仕え、主君が当主となった後も上杉家の執政《しっせい》として領国の政《まつりごと》をすべて任されていたといいます。江戸中期の『常山紀談《じょうざんきだん》』には「長《たけ》高く」「弁舌《べんぜつ》明らか」（背が高く理路整然としゃべる）な人物と描かれています。つまり、主君とキャラ真逆！

そんな凸凹《でこぼこ》主従ですが、共通しているのは、いずれも大胆で剛毅《ごうき》な性格ということです。

○家康からの疑念に〝スッキリ〟答えた「直江状」

さて、関ヶ原の五ヶ月前の一六〇〇年（慶長五）四月十三日、上杉家のもとに西笑承兌《さいしょうじょうたい》から直江兼続宛の書状が届きました。西笑承兌は豊臣秀吉《とよとみひでよし》や徳川家康のブレーン的な存在だった京都の相国寺《しょうこくじ》の僧侶で、兼続さんとも交流を持っていました。その書状は家康から逆心の疑いを掛けられている上杉家を慮《おもんぱか》ってのもので、「逆心がなければ起請文《きしょうもん》を」「その逆心を報告した堀直政《ほりなおまさ》からの訴えの釈明を」「とにかく早く上洛《じょうらく》を」「武器を集め、道や橋を造っているのも問題」「再び朝鮮出兵があるらしく、その相談もしたい」などという内容が八ヶ条で記されていました。

直江兼続さんは、その書状に答える形で、翌十四日に十六ヶ条にわたる返書をしたためました。それが「直江状」です。以下、要約タイトルを付けて意訳しましたのでどうぞ！（なお、要約タイ

トルにあるカッコ内の言葉は私が直江兼続さんになりきって追記したものです・笑）

①「会津は遠国だし景勝は若輩者《じゃくはいもの》なので、不審がるのはしょうがないですが、家康様ならおわかりでしょ？」

こちらの会津のことに関する様々な噂《うわさ》が、京都や大坂で立ち、内府様《だいふ》（家康）が不審に思っているということは仕方がないことと思います。京や伏見《ふしみ》の間でさえ色々な噂がやむことはないのですから、ましてや遠国で、しかも若輩者の上杉景勝に関する噂が立つのは、当然なことでやむを得ないことです。それは内府様だったらおわかりのことでしょう。これからも、しっかりと情報をお聞きなされればと思います。

②『上洛しろ』と言いますが、最近国替えしたばかりですよ。ならば、いつ国に戻って政治すればよいんですか？（ちょっと何言ってるかわかんないんですけど）」

景勝が上洛を引き延ばしていて不審がられている件ですが、一昨年に越後から会津に国替えになってすぐに上洛し、去年九月に会津に帰国しました。今年の正月に上洛しろと申されますが、それではいつ国の政治を行ったらよいのでしょうか。しかも、会津は雪国なので、十月より三月までは何事もできません。会津に詳しい者に尋《たず》ねてみてください。それをわかっている何者かが「景勝の逆心がある」と言っているのだと思います。

③「起請文はもう必要ないです。去年から何度も無効になっているので（無効にしてるのは家康じゃないっすか）」

景勝が背《そむ》く意思がないならば、起請文で明らかにしろとのことですが、去年から何通も起請文が反故《ほご》（無効）になっているではありませんか。これ以上は意味がありません。

④「景勝はずっと律儀《りちぎ》です。それは変わりません」

太閤《たいこう》（秀吉）以来、景勝は「律儀の仁《じん》」と思っていただけているなら、今さら疑われるようなことはございません。世の中の朝変暮化《ちょうへんぼか》（コロコロ変わる当てにならないこと＝朝令暮改《ちょうれいぼかい》）とは違うのです。

⑤「告げ口する者を探して話を聞きましたか？ それがないなら家康様にこそ裏があるのでは？」

景勝の心中は背く意思などまったくありません。讒人《ざんじん》（人をおとしめる告げ口をする者）が誰かを追及せずに、ただ「逆心」だと思われるのは困ります。この事をいい加減なまま放っておかずに、讒人と引き合わせていただき、どちらが真実かどうかをお尋ねするのが当然のことと思います。それがないならば、内府様は表裏者《ひょうりもの》（内心では別の事を考えている人）なのではありませんか。

⑥「前田利長《まえだとしなが》を降伏させた件、素晴らしい御威光ですね（棒読み）」

前田利長殿を思い通りのままに降伏させた件は（家康様の）素晴らしい御威光によるものかと

思います。

⑦「堀直政は讒言《ざんげん》している佞人《ねいじん》ですよ。しっかりこちらの意見をお聞きください」

増田長盛《ましたながもり》と大谷吉継《おおたによしつぐ》が、（上杉景勝の）釈明のために（家康様に）話をしてくれているのはありがたいことです。何かお伝えしたい要件がありましたが、そちらに申し上げます。景勝の表向きの取次役《とりつぎやく》（連絡係）は榊原康政《さかきばらやすまさ》（家康の重臣）ですので、景勝の逆心がはっきりとわかったとしたら、ひとまず榊原康政が、家康様にお伝えするのが筋目《すじめ》（物事の道理）で、内府様のためにもそうするべきです。こちらの意見が届いていないのは、讒人の堀直政が奏者（取次役）となっていて、様々な策略で我々を妨《さまた》げ、告げ口をしているからではないでしょうか。それが忠臣か佞人（人に媚《こ》びへつらう人）か、しっかりと判断いただくように重ねてお頼みします。

⑧「上洛が遅れたから噂が立ったようですが、その理由は以上です」

第一の「謀反の噂」に関してですが、上洛が遅れたことが原因のように思います。弁解は、右に（以上に）申し上げた通りです。

⑨「上方《かみがた》の武士は茶器集めをしていますが、会津では武具集めです（ビビってるんですか?）」

第二の「武具集め」に関してですが、上方の武士は今焼《いまやき》（新しく焼かれた焼物）や炭取《すみとり》（炭を入れておく茶器）、瓢《ひさご》（瓢箪《ひょうたん》の内部をくり抜いた器）など人誑《ひとたら》し（人をあざむく）茶道具を持っていますが、田舎《いなか》の武士は鉄砲や弓矢の道具を持つようにしています。この国（会津）の文化だと思っていただければ、不審ではないことです。景勝に不似合い（不釣り合い）の武具を用意していると言われても、景勝のような不届きな分際の者がそれを用いてどのような事ができるでしょうか。天下に不似合いの御沙汰《おさた》（命令）かと思います。

⑩「道と橋を造るのは国主として当然です。というか、謀反《むほん》をするなら国境を固めますよ。不審に思うなら調べていただいてよいので、どうぞ使者を派遣《はけん》してください」

第三に「道や船橋（船を繋《つな》いで造った橋）を造り、道の行き来を便利にしている」件ですが、これは国を持つ者にとっては当然のことです。越後国でも船橋や道を作りました。なので、堀直政も深く知っていることと思います。会津へ移ってから特別に始めた工事ではありません。越後は本国だったので、久太郎《きゅうたろう》（堀秀治《ひではる》。堀直政の主君）を踏み潰《つぶ》すには何の手間がかかるでしょうか。道を造る必要もありません。景勝の領地の会津はもちろん、上野《こうずけ》（群馬県）・下野《しもつけ》（栃木県）・岩城（福島県いわき市）・相馬（福島県相馬市）・伊達政宗《だてまさむね》領（宮城県北部）・最上《もがみ》（山形県北部）・由利（秋田県由利本荘市）・仙北《せんぼく》（秋田県仙北市）にも、行き来が便利なように同じように道を造りました。他の者たちは何も言っていないのに、堀直政だけが色々と騒いでいるのです。まったく武士の道を知らない愚かな者とお思いください。景勝が天下に逆心の企《くわだ》てがあるとするならば、国境に堀を造って道を塞《ふさ》ぎ、防戦の支度を整えるべきでしょう。十方（あらゆる方角）への道を造った上で謀反をして大軍を送られたならば、一ヶ所でも防ぐことができないのに、十方なんて防ぎようがありません。仮に景勝が他国へ出陣するにしても、一ヶ所からです。まったく堀秀治は言いようのないうつけ者だと思います。道を造っている様子は、時々訪れる江戸からの使者が白河口（福島県白河市）の辺りを見て調べています。また、その奥に続く道も行き来していますので、使者に様子をお尋ねになるのがもっともかと思います。それでも不審に思われるなら、使者をお送りいただいて、国境を見ていただければ納得していただけると思います。

⑪「友達でもウソはダメですよ。三度目の朝鮮出兵？ それはないでしょう」

（西笑承兌に対して）仲の良い間柄でも、嘘《うそ》を言うのは感心しません。高麗《こうらい》（朝鮮）が降参しなければ、再来年に軍勢を派遣するというのは、虚説ではないでしょうか。笑うほかありません。

⑫「讒人から話を聞かずに〝上洛しろ上洛しろ〟って、まるで赤ん坊ですね。そうだ。景勝が正しいか、家康様が表裏者かは世間に決めてもらいましょう（結果は自分が一番わかってますよね？）」

景勝は、今年の三月に上杉謙信の追善供養を行いました。それから少し間を空けて、夏に上洛をする予定でいます。そのため、在国中に会津の政務を整え、上洛のための武具も用意いたしました。そんな時に、増田長盛と大谷吉継から使者が来て、「景勝の逆心は穏やかなことではない」や「別心がないなら上洛するのがもっともだ」と伝えてきました。これが内府様のお考えであるならば、讒人の申し分を糾明《きゅうめい》してこそ信頼関係の証《あかし》であるはずで、「逆心なし」と伝えているのに、「別心ないなら上洛を」などと言うのは、乳呑子《ちのみご》（赤ん坊）の言うことではありませんか。

論外です。昨日まで逆心を企てていたものの、うまく行かなかったから、知らん顔で上洛。縁組を行ったり、新たな領地をもらったり、不平から目を背《そむ》ける人と交流をしなくてはいけない世の中の風潮には、景勝にはふさわしくありません。別心ないのに、逆心が天下に知れ渡っている中でむやみやたらに上洛すれば、上杉家累代の弓箭《きゅうせん》の覚え（武士の誇り）まで失ってしまいます。讒人と対面して糾明をしていただかなければ、上洛はできません。このことは、景勝が正しいのか否《いな》か、お考えになるまでもないでしょう。特に、景勝の家臣の藤田能登守《ふじたのとのかみ》（信吉《のぶよし》）という者が、七月半ばに会津を抜けて江戸に移ってから上洛したそうですね。すべて知っています。景勝がおかしいのか、内府様が表裏者なのか、世の中の声に決めていただきます。

⑬「このタイミングで謀反を起こすバカはいないでしょう。家康様だったらおわかりでしょう?」

まだまだたくさん言いたいところですが、とにかく、景勝の別心は毛頭ありません。また、上洛はできないように仕掛けられているので、どうしようもありません。なので、内府様のお考え次第で上洛するといたしましょう。もし、このまま会津にいて、太閤様のご遺命に背き、数通の起請文を反故にして、ご幼少の秀頼様に仕えずに、こちらから攻め込んで天下の主《あるじ》となったとしても「悪人」の評判は逃れることはできず、末代までの恥辱《ちじょく》となります。こんなことがわからずに、逆心することがあるでしょうか。容易に想像できるかと思います。しかし、これでも讒人の言うことを信じて、不義の扱いをするのなら、どうしようもありません。起請文も約束も無用のことです。

⑭「〝景勝が謀反？〟と聞いて軍備を固めるやつは愚か者です（堀家がバカなんです）」

そちらでは「景勝、逆心」と噂になっているようですが、会津の隣国において「会津が不審な動きをしている」と触れ回り、兵士を集めて兵糧《ひょうろう》を支度するのは無分別者（愚か者）がすることです。聞くまでもありません。

⑮「讒人&家臣の出奔《しゅっぽん》で、どうせ有罪でしょ。とにかく讒人の糾明をしてくださいよ」

こちらから内府様へ使者を送って釈明すべきですが、隣国より讒人が色々と言っているのに加えて、家中の藤田能登守の出奔もあったので「景勝の謀反は真実である」という不公平な御沙汰が下されることでしょう。とにかく讒人の糾明がないのならば、釈明はできません。せっかく親切に（西笑承兌が）間を取り持ってくれているのに、申し訳ありません。

⑯「真実がウソになる情けない世の中だ。最後に……遠慮なく書いてしまってスイマセン！（思ってないけど）」

何事も遠国ではありますが、色々と推測していますので、ありのままに私の考えをお伝えください。この頃の世の中は情けなく、真実も嘘のようになってしまいます。いうまでもないことですが、（家康様の）御目にかけられるとのこと、天下の白黒もよくご存知のようなので、真意だとわかっていただけると思います。遠慮のいらない間柄だと思っているので、気ままに書き進めてしまいました。失礼なことも少なくなく、至らない意見を申し述べてしまいました。お考えをいただくために、遠慮なく書いてしまいました。侍者（側近）に申し上げさせます。恐惶謹言《きょうこうきんげん》。

以上、十六ヶ条です！

ところどころに皮肉や嫌味を交え、理路整然と冷静に家康を糾弾《きゅうだん》するという、実に痛快な内容となっています。家康はこれに大激怒して、会津征伐を実行することに決めたといわれています。関ヶ原の物語を描く上で、欠かすことのできないハイライトシーンの一つです。

この直江状なんですが、なんと江戸時代から大流行！　多くの往来物《おうらいもの》（手紙を書くための参考書）として出版され、不思議なことに幕府も出版禁止しなかったので、民間にまで広く伝わりました。幕府がＮＧを出さなかった理由は不明です。内容からすると、確実に一発アウトなんですが（笑）。

ただ、直江状には一つだけ問題が……。実は原本が見つかっていないんです。つまり、全部書き写されたものでオリジナルがない！　そのため、これは偽文書であるという説や、オリジナルはあったが江戸時代に書き足されていったという説など、様々な見解があります。当時、西笑承兌が記した日記（『鹿苑日録《ろくおんにちろく》』）には、五月十一日に「直江兼続から返礼の書状が届いた」ということが書かれているので、これが直江状かどうかはハッキリとわかりませんが、直江兼続さんからの返書があったことは間違いないようです。

結局、家康による会津征伐は石田三成らの挙兵で中止。

家康が大軍を率いて西へ向かう中、上杉家は北の最上家の領地に攻め込み、最上義光《よしあき》や伊達政宗と戦いました。これが〝北の関ヶ原〟と称される「慶長出羽《けいちょうでわ》合戦」です。中でも、最上家の長《は》谷《せ》堂《どう》城（山形県山形市）での激戦は「長谷堂城の戦い」（115P参照）と呼ばれています。

しかし、関ヶ原で西軍が敗れたために上杉家は撤退。撤退戦で苦戦を強《し》いられたものの、前田《まえだ》慶次郎《けいじろう》（利益《とします》）などの活躍で、無事会津に戻っています。

そして、翌一六〇一年（慶長六）になって上洛し、ついに家康に謝罪をすることとなりました。その結果、上杉家は改易《かいえき》こそ免《まぬが》れたものの、百二十万石《ごく》から三十万石へ大減封《げんぽう》となり、出羽の米沢城（山形県米沢市）に移封《いほう》となりました。その後の上杉家は、改易や転封《てんぽう》もなく、明治維新まで米沢藩主を務め上げています。

居城となった米沢城には現在、水堀や土塁、石垣などが現存していて、本丸跡には藩祖の上杉謙信を祀《まつ》った上杉神社が建てられています。

また、境内《けいだい》には上杉家の武具や美術品が展示・保管されている上杉神社の「稽照殿《けいしょうでん》」があり、上杉謙信ゆかりの甲冑《かっちゅう》や衣類などのほか、上杉景勝さんが使用した日輪《にちりん》の前立《まえだ》てが象徴的な甲冑（紫《むらさき》糸《いと》威《おどし》伊予《いよ》札《ざね》五《ご》枚胴《まいどう》具足《ぐそく》）や、直江兼続さんの「愛」の前立てでおなじみの甲冑（金小《きんこ》札《ざね》浅葱《あさぎ》糸《いと》威《おどし》二枚胴《にまいどう》具足《ぐそく》）も伝えられています。上杉神社の参道にはNHK大河ドラマ『天地人』の放送を記念して建てられた上杉景勝さんと直江兼続さんの主従像もありますのでお見逃しなく！

斎村政広《さいむら・まさひろ》

一五六二（永禄五）〜一六〇〇（慶長五）

居城はあの〝天空の城〟！
冤罪（？）で切腹した知られざる悲将

DOTABATAパラメーター

統率力	☆☆
居城は有名度	☆☆☆☆☆
お気の毒度	☆☆☆☆☆
ドタバタ度	☆☆☆☆☆

○雲海の城の最後の城主

全国各地で東軍・西軍に分かれて戦いが繰り広げられた「関ヶ原の戦い」。その中で有名な戦いの一つが「田辺《たなべ》城の戦い」です。丹後《たんご》の田辺城（京都府舞鶴市）に籠城《ろうじょう》する東軍の細川幽斎《ほそかわゆうさい》を西軍が攻めた合戦です。

攻城戦は二ヶ月近く行われ、「古今《こきん》伝授」（『古今和歌集』の秘伝の解釈）を伝承されていた細川幽斎が亡くなって歌道が廃《すた》れてしまうことを憂《うれ》えた後陽成《ごようぜい》天皇が和睦《わぼく》するための勅使を派遣《はけん》して、開城となりました（詳しくは82Pからの「細川幽斎」参照）。

この合戦で、西軍として田辺城を攻めた武将の一人に、斎村政広《さいむらまさひろ》というお方がいました。

一般的にはあまり知られていないかもしれませんが、斎村政広さんが城主を務めたお城は超メジャーです。兵庫県朝来《あさご》市にある〝天空の城〟として有名な、あの竹田城です。

竹田城の名物である雲海は九〜十一月のよく晴れた早朝に見られることがあり、私も登城した際に運良く雲海を見ることができました。ラッキー。雲海の上に石垣が浮かぶ姿が実に美しかったのですが、この石垣の多くを築いたとされるのが、斎村政広さんです。

竹田城は室町時代中頃の嘉吉年間（一四四一～四三）に山名宗全《やまなそうぜん》（「応仁《おうにん》の乱」の西軍総大将）によって築かれたと伝わり、山名家家臣の太田垣《おおたがき》氏が城主となりました。

安土桃山《あづちももやま》時代には豊臣秀長《とよとみひでなが》（秀吉《ひでよし》の弟）や桑山重晴《くわやましげはる》（豊臣秀長の家臣）が入り、一五八五年（天正十三）から斎村政広さんが城主となりました。

その後、一六〇〇年（慶長五）の「関ヶ原の戦い」で斎村政広さんに起きたドタバタ劇の末に、竹田城は廃城となりました。つまり、竹田城の最後の城主は、政広さんということになります。

斎村政広さんの名前はもともと「赤松広秀《あかまつひろひで》」といいました。

赤松家というと、日本史の教科書にも登場する赤松満祐《みつすけ》が有名ですね。一四四一年（嘉吉元）に、時の将軍である足利義教《あしかがよしのり》（室町幕府六代将軍）を暗殺した「嘉吉《かきつ》の乱」を起こした人物です。

室町幕府の重臣で播磨《はりま》（兵庫県）を拠点としていた赤松家は、この反乱で一度没落したものの、その後に復興されて戦国時代に突入します。

斎村政広さんの実家はその赤松家の分家で、龍野《たつの》城（兵庫県たつの市）の城主を務めていました。一五六二年（永禄五）に生まれた斎村政広さんは、父（赤松政秀《まさひで》）が一五七〇年（元亀元）に亡くなり、兄（赤松広貞《ひろさだ》）も早世したため、幼くして龍野城・赤松家の当主となりました。

時はすでに織田信長《おだのぶなが》が天下の中心！

播磨にも織田信長の影響が及び、織田家に臣従するか否《いな》かの選択に迫られた斎村政広さんは織田家に付く道を選びました。

「長篠《ながしの》の戦い」が起きた一五七五年（天正三）に織田信長に謁見《えっけん》し、一五七七年（天正五）に織田家の羽柴秀吉《はしばひでよし》が中国地方に攻め込んでくると、すぐさま居城の龍野城を明け渡します。

この時、家臣の領地である佐江村（「才村」とも。たつの市揖西《いっさい》町佐江）に自主謹慎《きんしん》。地名から名字を「斎村」と改めたそうです。

龍野城や持っていた領地は、残念ながら没収。わずかな領地を与えられ、秀吉の重臣の蜂須賀《はちすか》正勝《まさかつ》の軍勢に加わり、西の大大名である毛利《もうり》家との戦いに参陣しました。

一五八二年（天正十）の「備中《びっちゅう》高松城の戦い」での水攻めにも蜂須賀軍として参加。その後「賤《しず》ヶ岳《たけ》の戦い」「小牧長久手《こまきながくて》の戦い」では秀吉の配下として従軍しました。

そして、一五八五年（天正十三）の長宗我部《ちょうそかべ》元親《もとちか》を攻めた「四国征伐《せいばつ》」で武功を挙げて、再び城持ち大名へと復帰！　竹田城の城主に就任したのです。

○甘言(？)に乗って東軍に寝返ったために起きた悲劇

上司だった蜂須賀正勝が阿波《あわ》（徳島県）の大名となったこともあり、竹田城主になってからは豊臣秀吉の直属の家臣になった斎村政広さん。

島津《しまづ》義弘《よしひろ》を攻めた一五八七年（天正十五）の「九州征伐」にも参戦し、二十六歳となった斎村政広さんは、豊臣秀吉の勧《すす》めで岡山城（岡山県岡山市）の城主である宇喜多《うきた》秀家《ひでいえ》（237P参照）の妹を正室に迎えることとなりました。宇喜多秀家は、秀吉の養子となって、後に豊臣政権の「五大《たい》老《ろう》」に指名された人物です。

正室の年齢はハッキリとはわからないんですが、宇喜多秀家が一五七二年（元亀三）生まれなので、斎村政広さんとは一回りほど年齢差があったと思われます。

こうして、豊臣秀吉一派の大名となった政広さんは「小田原征伐」「文禄《ぶんろく》の役《えき》（第一次朝鮮出兵）」にも参戦。一五九八年（慶長三）に豊臣秀吉が亡くなった際には遺品として金五枚を与えられています。

豊臣政権下でまさに順風満帆《じゅんぷうまんぱん》の大名ライフだったのですが、豊臣秀吉の死後に実権争いが起きると、ついに「関ヶ原の戦い」が勃発《ぼっぱつ》、斎村政広さんの運命は一変するのです！

斎村政広さんは、冒頭で触れた通り、東軍に付いた細川幽斎の田辺城を包囲しました。

田辺城の籠城兵がおよそ五百だったのに対して、西軍は総勢およそ一万五千。西軍の武将には、豊臣秀吉の従兄弟《いとこ》である小出吉政《こいでよしまさ》や、織田信長の弟である織田信包《のぶかね》などがいました。

江戸時代に作成された「田辺籠城図」を見てみると、斎村政広さんの別名である「赤松左兵《さひょう》衛《え》」（左兵衛は斎村政広さんの官職名「左兵衛佐《さひょうえのすけ》」のこと）を発見しました！　どうやら、田辺城の東南方面に布陣したようです。

包囲軍は田辺城をなんとか開城に追い込むも、関ヶ原本戦で西軍が大敗してしまいます。

「これはまずい……滅亡してしまう……」と思った斎村政広さん。

そこに東軍の亀井《かめい》茲矩《これのり》から、とある誘いが来るのです！

「もしよかったら、一緒に鳥取城を攻めませんか？」

亀井茲矩という武将はもともと、毛利元就《もとなり》に滅ぼされた尼子《あまご》家の一族で、斎村政広さんと同じく豊臣秀吉の配下大名となり、鹿野城《しかの》（鳥取県鳥取市）の城主になった人物です。関ヶ原の本戦にも参戦して、合戦後は領国に戻って西軍に付いた鳥取城（鳥取市）の攻撃に取りかかっていました。

ともに豊臣秀吉の家臣だったためでしょうか、二人は旧知の仲だったそうです。

鳥取城をなかなか攻め落とせない亀井茲矩は、斎村政広さんが徳川家康に許しを得るための手土産《みやげ》として「鳥取城をともに攻めよう」と誘ってきたのです。

この誘いに乗った政広さんは、すぐさま鳥取城攻めに援軍として加わりました。

城攻めには、ある常套《じょうとう》手段があります。それが城下町の焼き討《う》ちです。

城下町を焼き払うことで、籠城した兵や逃げ込んだ住民たちの挑発や動揺を狙う作戦です。

たとえば、一五六九年（永禄十二）に武田信玄《たけだしんげん》が、北条氏康《ほうじょううじやす》の小田原城（神奈川県小田原市）を攻めた時に、城下町に火を放っています（結局、小田原城は落城していませんが）。

このよく行われる焼き討ち作戦を斎村政広さんと亀井茲矩は実行！

これがうまく行き、ついに鳥取城は落城したのです。

当初は西軍として田辺城を攻めたものの、東軍に乗り換えて鳥取城を攻め落とした政広さん。

「これでなんとか御家《おいえ》存続だ……！」

そんな頃合いに、徳川家康《とくがわいえやす》から次のような一報が届きました。

「城下町をなぜ焼いたのだ……切腹だ！」

攻め落とすために行った城下町の焼き討ちに対して、徳川家康が大激怒。なんと切腹が命じられてしまうのです。

しかし、あくまで斎村政広さんは援軍です。責任を取るべき攻め手の総大将は亀井茲矩でした。ところが、亀井茲矩に対しては、特にお咎《とが》めなし！　そればかりか、この後に二万四千二百石《こく》を加増され、三万八千石を領する鹿野藩の初代藩主となるのです。

おかしい！　実におかしいのです！

結局、斎村政広さんは焼き討ちの責任を一人で取らされて、真教寺《しんきょうじ》（鳥取市）で切腹をしました。享年は三十九でした。やはりはじめに西軍に付いたことが原因だったのでしょうか、何か闇《やみ》を感じる一件です。

このドタバタ劇、焼き討ち作戦を発案した亀井茲矩が、保身のためにその責任を政広さんになすりつけたともいわれています。つまり、亀井茲矩にハメられたのです！

また、この時、西軍の主力だった宇喜多秀家が関ヶ原から落ち延びて行方不明でした。義兄弟である関係性から「宇喜多秀家を匿《かくま》っているのでは」という疑惑をかけられたことも原因だったとされています。匿っている疑惑があるなら、切腹させずに居場所を聞き出せばよいのに、と思うんですが……。

とにもかくにも、斎村政広さんは切腹をして果て、居城の竹田城も徳川家康によって没収、間もなく廃城となったのです。

ちなみに、この攻城戦に不在だった鳥取城城主の宮部《みやべ》長熙《ながひろ》（長房《ながふさ》）も自業自得《じごうじとく》のドタバタ劇を演じていて面白いです。宮部長熙は、はじめは家康に従って会津征伐に向かっていたものの、西軍への勧誘を受けてすぐさま寝返り。夜中に抜け出すための船を事前に手配していたものの、船頭にバックれられてしまい、ノコノコと東軍に帰陣。しかし、裏切りが当然バレてしまい岡崎城（愛知県岡崎市）に閉じ込められていたんです。その後、なんとか助命されるのですが、それから三十年後に当時の一件について超グダグダな訴訟を起こすんです（笑）。そのあたりの顚末《てんまつ》は拙著『ポンコツ武将列伝』をどうぞ！

○昔も今も慕われている、知られざる名君！

不本意な最期《さいご》を遂げた斎村政広さんですが、竹田城のお殿様として善政を敷き、養蚕《ようさん》業や漆器《しっき》産業を奨励《しょうれい》したため、領民からは〃仁政《じんせい》の主君〃と慕《した》われていたと伝わります。

現在、竹田城がある兵庫県朝来市の代表的な産業に「家具づくり」がありますが、これは斎村政広さんが漆器作りのために職人を呼んだことに始まるといわれています。

江戸時代にも人気があったらしく、一七四九年（寛延二）には政広さんの百五十回忌である「虎臥《こが》大明神祭」が行われ、竹田城に小さな社《やしろ》が建立《こんりゅう》されたそうです。

この社は今は残っていませんが、一八〇四年（文化元）に書き写された竹田城の絵図には、本丸曲輪《ぐるわ》に小さな祠《ほこら》が描かれています。この祠が、政広さんを祀《まつ》る社だったのかもしれません。

ちなみに、虎臥大明神というのは斎村政広さんの神号《しんごう》で、虎臥は竹田城の別名「虎臥城《とらふす》」に由来するものです。一七九九年（寛政十一）の二百年祭では、登城口に虎臥大明神の額が掲げられた鳥居が二つ建立されたそうです。

それから毎年、斎村政広さんを神格化した虎臥大明神祭が行われ、現在まで続けられています。

政広さんは、儒学者《じゅがくしゃ》の大物である藤原惺窩《ふじわらせいか》（豊臣秀吉や徳川家康にも講義を行った学者）や、「文《ぶん》禄《ろく》の役《えき》」で日本軍の捕虜となった朝鮮の役人で、儒学者でもあった姜沆《きょうこう》と交流を持ち、上杉謙信《うえすぎけんしん》や直江兼続《なおえかねつぐ》、小早川隆景《こばやかわたかかげ》などと並び称されるほどの、学者肌の文人でもあったといわれています。

姜沆には、自分が携帯して読むことができる『四書五経《ししょごきょう》』（中国で重要な九つの儒教の経典）などの書籍を書き写すオファーをしています。これは自分の勉強のためであると同時に、そのギャラを姜沆など捕虜となった人々の帰国のための資金にあてる目的があったそうです。なんと良い人！

姜沆が日本で見聞したことを記した『看羊録《かんようろく》』には、斎村政広さんの人柄が次のように書かれています。

「『六経』（儒教の六つの経典）に非常に打ち込み、雨風の日でも、馬上でも、本を手から話したことがなかった。しかし、その性格が鈍魯《どんろ》（まぬけ）なので、訳（漢文の訓点）がなければ一行も読むことはできなかったらしい」

「（藤原惺窩が語るには）日本の将官（武将）はすべて盗賊であるが、ただ赤松広通《ひろみち》（斎村政広さんの別名）だけは、人間らしい心を持っています」

政弘さんが姜沆のスポンサーだったという背景はあるものの、政広さんが穏やかな人徳あふれる知識人武将だったということが感じ取れるコメントです（漢文を訓点なしで読むのはなかなか厳しいので、性格がまぬけというのは、やや言い過ぎな辛口批評ですが・笑）。

斎村政広さんのお墓は竹田城の城下町の法樹寺《ほうじゅじ》に建立され、最期《さいご》の地である鳥取市には斎村政広さんを祀った赤松八幡宮（明治時代に赤松霊社、次いで赤松神社に改称）の跡地が残されています。この神社は、政広さんの大ファンだった鳥取藩の二代藩主・池田長幸《いけだながゆき》（姫路城主の池田輝政《てるまさ》の孫）が建立したものと伝えられています。

また、斎村政広さんの愛刀に「獅子王」と呼ばれる名刀がありました。これは平安時代末期の武士の源頼政《みなもとのよりまさ》が、京都を騒がせた鵺《ぬえ》（猿の顔、狸《たぬき》の胴、虎の手足、蛇《へび》の尾を持った妖怪）を退治した恩賞として、天皇から賜《たまわ》ったと伝わる刀です。

その後、赤松家に代々継承され、斎村政広さんも所有していたといいます。政広さんの死後は、徳川家康が没収、源頼政の末裔《まつえい》とされる土岐《とき》家に伝えられ、明治時代に皇室へと献上されました。現在は東京国立博物館が所蔵していて、国の重要文化財に指定されています。

獅子王は人気ゲームの『刀剣乱舞《とうけんらんぶ》』に登場することもあり、その写し刀を作るプロジェクトで立ち上がったクラウドファンディングでは、三百八十一万円が集まり、二〇一八年（平成三十）に完成しました。ちなみに、このプロジェクトの中心となった団体は、その名も「赤松広秀を弔《とむら》う実行委員会」！　斎村政広さんの供養や竹田城の保護などを行う団体で、獅子王の写しの作刀を通じて、汚名を着させられた政広さんの名誉回復をしようとプロジェクトを企画したそうです。

関ヶ原のドタバタに巻き込まれて無念の死を遂げるも、地域から愛され続けるご当地武将。実に素敵ではありませんか！

遠藤慶隆　稲葉貞通

まさかの東軍同士の戦い!?　郡上八幡城をめぐるドタバタ劇

えんどう・よしたか
一五五〇（天文十九）～一六三二（寛永九）

いなば・さだみち
一五四六（天文十五）～一六〇三（慶長八）

DOTABATAパラメーター

稲葉貞通		遠藤慶隆	
統率力	☆☆☆	統率力	☆☆☆
奇襲力	☆☆☆☆☆	奪還力	☆☆☆☆☆
頑固一徹jr.度	☆☆☆☆☆	イベント企画力	☆☆☆☆☆
ドタバタ度	☆☆☆☆☆	ドタバタ度	☆☆☆☆☆

○城主不在を衝いた城奪還作戦

続いては、美濃《みの》の郡上八幡《ぐじょうはちまん》城（岐阜県郡上市）をめぐって、まさかの〝東軍と東軍〟によるドタバタ争奪戦となった「郡上八幡城の戦い」をご紹介いたします！

郡上八幡城は、作家の司馬《しば》遼太郎《りょうたろう》さんが「日本で最も美しい山城《やまじろ》」と評し、現在は「続日本100名城」に数えられ、雲海に浮かぶ姿でも知られています。

一六〇〇年（慶長五年）当時の城主は稲葉《いなば》貞通《さだみち》でした。このお方はNHK大河ドラマ『麒麟《きりん》がくる』に斎藤道三《さいとうどうさん》・義龍《よしたつ》（高政《たかまさ》）の家臣として登場している〝西美濃三人衆〟の稲葉一鉄《いってつ》（良通《よしみち》。〝頑固一徹〟の言葉の由来とも）の息子さんです。

石田《いしだ》三成《みつなり》らが挙兵をすると、美濃の盟主的な存在だった岐阜城の織田《おだ》秀信《ひでのぶ》は西軍に味方したため、稲葉貞通さんも西軍に加担。郡上八幡城に留守居《るすい》の兵を残して、尾張《おわり》の犬山城（愛知県犬山市）に入城していました。

そのタイミングを狙って、愛《いと》しの郡上八幡城を奪還する計画を立てた人物がいました。それが遠藤慶隆《えんどうよしたか》です。ちなみに、「小山評定《おやまひょうじょう》」で堀尾忠氏《ほりおただうじ》のアイディアを拝借して先に発表した山内一豊《やまうちかずとよ》（79P参照）の正室で〝内助の功〟で知られる見性院《けんしょういん》（「千代《ちよ》」や「まつ」とも）は、遠藤慶隆さんの姉か妹だともいわれています。

遠藤慶隆さんは、もともと稲葉山《いなばやま》城（後の岐阜城）の斎藤龍興《たつおき》（道三の孫）に仕えた後、織田信長《のぶなが》の家臣となり、郡上八幡城の城主を務めていました。しかし、一五八三年（天正十一）の「賤《しず》ヶ岳《たけ》の戦い」において、豊臣秀吉《とよとみひでよし》と敵対した柴田勝家《しばたかついえ》＆織田信孝《のぶたか》（信長の三男。岐阜城城主）のグループに所属したため、一五八八年（天正十六）に秀吉から郡上八幡城を没収され、小原《おばら》（岐阜県白川町）へと減転封《げんてんぽう》となっていました。

そして、その替わりとして郡上八幡城に入ったのが、稲葉貞通さんだったというわけです。「稲葉貞通に恨《うら》みはないけど、これは大チャンス！」とばかりに、遠藤慶隆さんは徳川家康《とくがわいえやす》の代理として東軍のトップとなっていた井伊直政《いいなおまさ》に郡上八幡城の奪還作戦の許可を取ってから出陣！

ところが、ほぼ同じタイミングで、ややこしい事案が発生します。

美濃の西軍の核である岐阜城が八月二十三日にわずか一日で落城したため、稲葉貞通さんが籠《ろう》城《じょう》する犬山城も東軍に降伏することになったのです。八月二十四日に東軍から開城の勧告が届いて準備が進み、九月三日に東軍へと明け渡されました。

ということは、遠藤慶隆さんが郡上八幡城を攻める大義名分はなくなってしまいます。

稲葉貞通さんが東軍に、つまりは自分の味方となったことを知った遠藤慶隆さんでしたが「このチャンスを逃したら、郡上八幡城は取り戻せない！」と、半ば開き直って（？）そのまま進軍。そして遠藤慶隆さんは、稲葉貞通さんがまだ帰城していない九月一日に、増島城《ますしま》（岐阜県飛驒《ひだ》市）の城主である娘婿《むこ》の金森可重《かなもりよししげ》とともに総攻撃を仕掛けたのです！

遠藤軍の激しい攻撃を前に、城主不在な上に兵力も充実してなかった郡上八幡城は、あっという間に本丸を残すのみとなってしまいました。郡上八幡城は、城主が東軍に味方したことを伝えた上で、翌九月二日には降伏。遠藤慶隆さんは念願の郡上八幡城を奪還したのです。

ここで慶隆さんはすぐさま入城することを避け、家康の命令を待つことにしました。そのため、城攻めをした時の本陣（愛宕山《あたごやま》＝郡上八幡城から吉田川を対峙した東南の山）に戻りました。あとは家康から正式に「郡上八幡城の城主は遠藤慶隆である！」と言ってもらうだけです。

○東軍VS東軍――世にも奇妙な戦いの結末

ところが、話はこれで終わりません。郡上八幡城の開城の翌九月三日の未明に、東軍に寝返ったのに東軍の武将にお城を攻め落とされた稲葉貞通さんが領地に戻ってきたのです。

「なんで、こんなことになっとんじゃ!!!」とばかりに、遠藤慶隆さんの陣地に奇襲！

油断していた遠藤軍は、当時霧が立ち込めていたこともあり大混乱。大将クラスの家臣が討《う》ち取られるなどする中、慶隆さんも命からがら落ち延びていきました。この時、慶隆さんは家臣に背負われてなんとか脱出したともいわれています。

結局、九月四日に再び和議が結ばれて、世にも珍しい〈東軍VS東軍〉の関ヶ原は終結しました。

ちなみに、遠藤家には「両遠藤」と称される二つの家がありました。遠藤慶隆さんは本家なんですが、対抗心を持っていた分家の従兄弟《いとこ》・遠藤胤直《たねなお》がこのドタバタに乗じて、本家とは離別して西軍として上《じょう》ヶ根砦《ねとりで》（岐阜県白川町）で挙兵しています。こちらは九月五日に遠藤慶隆さんによって砦を攻められて降伏、戦後に改易《かいえき》となっています。

その後、郡上八幡城は遠藤慶隆さんに無事に与えられ、慶隆さんは郡上藩の初代藩主となっています。現在も城下町では〝日本三大盆踊り〟といわれる「郡上おどり」が毎年開催されていますが、慶隆さんが領民たちの交流の場として推奨《すいしょう》したことが発祥という説もあります。その後、遠藤家は一六九二年（元禄五）まで郡上藩の藩主を務めました。

一方、稲葉貞通さんは、臼杵《うすき》城（大分県臼杵市）を与えられ臼杵藩の初代藩主となり、稲葉家は明治維新まで藩主を務めました。

稲葉貞通さんは移封《いほう》の時に当然、美濃の家臣たちを伴っていたわけですが、その中に可兒《かに》孫《まご》右衛門《えもん》という家臣がいました。このお方は関ヶ原が起きた一六〇〇年に、臼杵城下で味噌《みそ》屋をオープン。そのお店はなんと現在まで続いていて、今年（二〇二〇年）で創業四百二十年となります。

創業当時は「鑰屋《かぎや》」という屋号で、現在は「カニ醤油《しょうゆ》」の名前でおなじみです。私ごとですが、以前あるテレビ番組のロケでおじゃましたご縁がありまして、とても良くしていただいたので、勝手にご紹介させていただきました（笑）。

ロケの合間に食べた、カニ醤油さんの名物の「味噌ソフトクリーム」、美味《おい》しかったな〜。

京極高次《きょうごく・たかつぐ》

一五六三（永禄六）〜一六〇九年（慶長十四）

もう〝蛍大名〟とは呼ばせない！
名門大名の一世一代の籠城戦

DOTABATAパラメーター

統率力	☆☆☆☆
籠城力	☆☆☆☆☆
蛍の光度	☆☆☆☆☆
ドタバタ度	☆☆☆☆

○妻と妹の七光りで大名に！

西軍の大軍に包囲されながらも巧《たく》みに籠城《ろうじょう》戦を行った東軍の武将といえば細川幽斎《ほそかわゆうさい》（82P参照）ですが、実はもう一人いるのです。それが京極高次です！

戦いの舞台となったのは近江《おうみ》の大津《おおつ》城（滋賀県大津市）。一五八六年（天正十四）に明智光秀《あけちみつひで》が築いた坂本城（大津市）を廃城にした豊臣秀吉《とよとみひでよし》が、後に五奉行《ぶぎょう》となる浅野長政《あさのながまさ》に命じて築城した、琵琶《びわ》湖に面した水城です。ちなみに、大津という場所は、江戸時代には東海道《とうかいどう》五十三次《つぎ》のラストの五十三番目の宿場町（大津宿）となるなど、琵琶湖の水運&街道の陸運と水陸の要衝《ようしょう》の地でした。

畿内で挙兵した西軍は大津城の城下を通過して東に進み、決戦の地と思われた美濃《みの》（岐阜県）や尾張《おわり》（愛知県）を目指すことになるので、大津城は西軍にとって〝超〟が付くほどの重要拠点だったわけです。

その城主だった京極高次さん。このお方の経歴がまた面白い。高次さんは親族の女性たちのコネで出世していったと周囲から見られていて、やや〝ナメられていた〟武将だったそうなんです。

京極高次さんの正室である「初《はつ》」は、何を隠そう秀吉の側室である「茶々《ちゃちゃ》（淀殿《よどどの》）」の妹にあたります。また、妹（姉とも）の京極竜子《たつこ》は、これまた秀吉の側室だったお方。つまり、妻が天下人の義妹、実妹が天下人の妻だったわけです。なんという強烈なコネでしょうか。

そのため、京極高次さんは「親族の女性たちの尻の光で出世を重ねた」ということで〝蛍《ほたる》大名〟という不本意なあだ名で呼ばれていたといいます。ひどいニックネーム！　だとは思うんですが、「そう呼ばれても仕方ないな」という過去が京極高次さんにはありました。

もともと京極家は室町《むろまち》幕府の四職《ししき》（侍所《さむらいどころ》の長官を務める大名）の一つに数えられる名門で、近江のほかに出雲《いずも》（島根県）や飛騨《ひだ》（岐阜県）の守護《しゅご》を兼任するなど、室町時代を代表する大名家でした。しかし、小谷《おだに》城（滋賀県長浜市）を拠点とする浅井《あざい》家の台頭により衰退し、滅亡こそしなかったものの浅井家に実権を奪われた没落貴族的な存在となっていました。

そんな情勢の中、京極家の当主となった高次さんは浅井長政《ながまさ》の義兄である織田《おだ》信長《のぶなが》の家臣となります。そこまではよかったんですが、一五八二年（天正十）の「本能寺《ほんのうじ》の変」で信長が明智光秀に討《う》たれると、高次さんは秀吉ではなく光秀に味方する道を選んでしまいました。

しかも、攻めた場所が長浜城（滋賀県長浜市）。浅井家を滅ぼした功績として秀吉が初めて城持ち大名となった際に築かれた、秀吉とゆかりが深すぎるお城でした。

また、京極高次さんは明智光秀に味方する時、若狭《わかさ》（福井県）の守護だった武田《たけだ》元明《もとあき》を誘ってともに戦っています。若狭武田家は、武田信玄《しんげん》に代表される甲斐《かい》（山梨県）の武田家の遠い親戚にあたる名門です。この当主だった武田元明は、正室に京極高次さんの妹（京極竜子）を迎えていたため、二人は義兄弟の間柄でした。明智光秀の母は若狭武田家の出身ともいわれているので、親戚関係にあたる光秀に味方したのかもしれません。

さて、ここで一つ疑問が湧《わ》きます。

「あれ、妹の京極竜子は、秀吉の側室じゃないの?」

はい、そうなんですが、それはこの後のお話。秀吉によって明智光秀が滅ぼされると、光秀に味方した武将たちの厳しい粛清《しゅくせい》が行われました。そういった情勢下で武田元明は、秀吉に恭順を示そうとしたものの許されずに暗殺(自害とも)されてしまうのです。

一方、武田元明を誘った京極高次さんに待っていた処分は、なんと特になし!

未亡人となっていた美人の妹・京極竜子を秀吉が気に入り、側室に迎えることとなり、妹の嘆願もあって兄の京極高次さんは許されることとなったのです。なんとラッキーな!

しかも、ただ助命されたというわけではありません。近江に領地を与えられると、一五八七年(天正十五)には大溝城《おおみぞ》(滋賀県高島市)城主として一万石《ごく》の大名に取り立てられ、同じ年に初を正室に迎えています。その後、八幡山城《はちまんやま》(滋賀県近江八幡市)の城主を経て、一五九五年(文禄四)に大津城主となり六万石へと加増されています。

とにかくVIP待遇な京極高次さん! 義兄弟・武田元明との処分の違いとその後の不思議な出世……。これをコネと呼ばずなんと呼ぼう! というわけで、蛍大名と陰でいわれるようになってしまったわけなんです。

しかし、京極高次さんも戦乱を生き抜く一人の武将です。関ヶ原の戦いに際して、武士のプライドを賭《か》けた一世一代《いっせいちだい》の大博打《ばくち》に出るのです。それが「大津城の戦い」です！

○「関ヶ原」東軍勝利の陰の立役者？

徳川家康《とくがわいえやす》による「会津征伐《せいばつ》」が始まると、京極高次さんも家康から協力を求められます。先ほど秀吉との親戚関係に触れましたが、実は妻の妹「江《ごう》」（秀吉の養女）が徳川秀忠《ひでただ》の正室となっていたため、高次さんは家康とも親戚関係になっており、こちらとも関係性が深いわけです。

この上杉《うえすぎ》家討伐《とうばつ》に際して、京極高次さんは重臣（山田良利）を代理で派遣《はけん》しました。

その後、家康が出陣している隙《すき》に西軍が挙兵！　大津城にいた京極高次さんは、周囲が西軍だらけであり、妹の嫁《とつ》ぎ先だった大名家（氏家行広《うじいえゆきひろ》や朽木元綱《くつきもとつな》）の誘いもあったため西軍に味方することを決意します。長男の京極熊麿《くままろ》（八歳）を大坂城に人質として送り、九月一日に大津城を出陣。大谷吉継《おおたによしつぐ》が率いる軍勢に加わり、琵琶湖の東岸を走る北国《ほっこく》街道を北上して越前《えちぜん》（福井県）を目指しました。

翌九月二日には京極高次さんは、〝羽衣《はごろも》伝説〟が伝わる美しい余呉《よご》湖の北東の東野山《とうのやま》辺りまで進軍しました。

ここにきて京極高次さんは次のような決断を下します。

「大津城に帰って西軍と戦おう！」

京極高次さんは余呉湖の西の塩津《しおつ》から海津《かいづ》を経て、船を使って琵琶湖の西側を南下、九月三日に大津城に帰陣。東軍に寝返ることを表明するのです。

江戸時代にまとめられた京極家側の史料の『京極家譜《かふ》』によるものですが、会津征伐に向かう途中の六月十八日のこと。家康は大津城に立ち寄って、京極高次さんとなにやら怪しげな密談をしたともいわれています。この時に「有事《ゆうじ》の際には味方をして大津城を守ってください」とでも家康が相談したんでしょうか。

京極高次さんは別家を立てていた弟（京極高知《たかとも》）が会津征伐に従軍していたこともあるので、もともと家康派（家康は京極高次さんを買収するため、大津城の修復費用として白銀三十枚を与えて味方に付けようとしたとも）だったとも考えられますが、島津義弘《しまづよしひろ》（222P参照）などと同じように「仕方なく西軍に付いてしまったんですよ」という弁解を江戸時代に作成したようにも見えなくもないです。

さてさて、大津城が東軍に寝返ってしまったことは、西軍にとってまさに想定外の緊急事態、急いで大津城を攻撃するための軍勢を揃《そろ》え、九月七日から攻城戦を開始しました。こうして「大津城の戦い」が始まったのです。

○時代を超えて御家を救った、その武功

西軍の武将には、毛利元康《もうりもとやす》（毛利元就《もとなり》の八男。毛利輝元《てるもと》の叔父《おじ》）や小早川秀包《こばやかわひでかね》（毛利元就の九男。同じく毛利輝元の叔父）などの毛利一族の軍勢に加え、この後に居城の柳川城《やながわ》（福岡県柳川市）で加藤清正《かとうきよまさ》や黒田官兵衛《くろだかんべえ》などと籠城戦を行う立花宗茂《たちばなむねしげ》などがいました。総勢およそ一万五千の大軍でした。それに対して大津城の城兵は約三千。少ない！

実戦経験の豊かな西軍の武将たちは大津城に猛攻を仕掛けましたが、高次さんが率いる寡兵《かへい》の大津城は必死に守り抜き、なんと一週間も持ちこたえることに成功します。スゴいぞ、蛍大名！

しかし、九月十三日になって、攻めあぐねた西軍が大砲を持ち出します。

大津城の約二キロ西にある長等山《ながらやま》の中腹に大砲を設置して、眼下の大津城に目掛けて砲撃を開始したのです。砲弾は次々に大津城内の建物に直撃し、中でも本丸御殿に着弾した砲弾によって、京極竜子の侍女が二人死亡してしまいます。兄の京極高次さんとともに籠城していた京極竜子は恐ろしさで気絶してしまったといいます。

この砲撃の音は凄《すさ》まじかったらしく、近隣の町人たちが弁当や水筒を持参して見物に訪れたそうです。町人たち、たくましい（笑）。ちなみに、町人たちが見学したといわれる場所は三井寺《みいでら》（園城寺《おんじょうじ》）の観音堂《かんのんどう》だったそうで、今も当時と同じように大津の街を一望できます。

この砲撃とともに猛攻を受けた大津城は、三の丸と二の丸を落とされて、ついに琵琶湖に浮かぶ本丸を残すのみとなってしまいました。

そして、翌九月十四日に本丸に総攻撃を受けて万事休す。武士の一分《いちぶん》を見せつけた京極高次さんは、ついに九月十五日に開城を決意します。西軍の使者となった高野山《こうやさん》の僧侶・木食応其《もくじきおうご》を通じて降伏を受け入れて大津城を出ると、三井寺に入って剃髪《ていはつ》。その後、高野山に向かいました。

ところが同日に、ご存知の通り、関ヶ原本戦が起こって東軍が勝利を収めます。

京極高次さんは結果的に、西軍の一万五千という大軍を大津城に釘付《くぎづ》けにして、本戦に参戦させないという大きな功績を残すこととなったわけです。後に家康に高野山から呼び戻された高次さんは、その武功を高く評価され、若狭一国を与えられ、八万五千石の大名に復帰しています。

その後、京極高次さんは一六〇九年（慶長十四）に四十七歳で亡くなり、かつて大坂城に人質に差し出された長男の熊麿こと京極忠高《ただたか》が跡を継ぎました。一六三七年（寛永十四）に松江藩（島根県松江市）の藩主となっていた忠高が後継者のいないまま亡くなると、京極高次さんが守った京極家は改易《かいえき》されそうになってしまいます。しかし、京極高次さんの「大津城の戦い」などでの忠義が改めて評価されて、播磨《はりま》の龍野《たつの》（兵庫県たつの市）に転封《てんぽう》とはなったものの、忠高の甥《おい》（京極高和《たかかず》）を養子に迎えることで大名としての存続を許されています。

まさか激戦の三十七年後の御家《おいえ》存亡の危機にも効《き》いてくるとは、蛍の灯というのは、はかなくとも瞼《まぶた》の裏に焼き付けられるものなのかもしれません！

その後、京極高次さんの孫である京極高和は一六五八年（万治元）に讃岐《さぬき》の丸亀《まるがめ》藩（香川県丸亀市）に転封となり、居城の丸亀城の改修に取り掛かります。そして二年後の一六六〇年（万治三）には三層の天守が完成しています。この天守は今も当時の姿のまま残っていて、現存十二天守の一つとなっています。これ以降、丸亀藩の藩主は京極家が務め、明治維新を迎えています。

ちなみに、関ヶ原本戦で東軍の最前線（藤堂高虎《とうどうたかとら》の陣の南側）に陣を張って大谷吉継らと戦って武功を挙げたという弟の京極高知の末裔《まつえい》は、丹後《たんご》の田辺《たなべ》藩（京都府舞鶴市）や宮津藩（京都府宮津市）、峰山《みねやま》藩（京都府京丹後市）などの藩主を経て、一六六八年（寛文八年）から豊岡《とよおか》藩（兵庫県豊岡市）の藩主となり、同じく明治維新を迎えています。

ということで、京極高次さんのお話はこのあたりで「蛍の光」！　閉店ということです（笑）。

富田信高（とその妻）

とみた・のぶたか
?～一六三三年（寛永十）

「安濃津城の戦い」で絶体絶命！
危機を救った〝イケメンの若武者〟とは？

DOTABATAパラメーター

統率力	☆☆☆
戦闘力	☆☆
妻の戦闘力	☆☆☆☆☆
ドタバタ度	☆☆☆☆

○西軍総攻撃！　関ヶ原の前哨戦

戦国時代を好きになると、自然とお城巡りが好きになるものです。私は埼玉県熊谷《くまがや》市出身なので、実家から行きやすい関東や甲信越《こうしんえつ》のお城を巡ることが多かったんですが、おかげさまで最近ではイベントやロケなどでさまざまな地域を訪れる機会が増えました。

そんなこともあって仕事で三重県を訪れた時、仕事の前後の日を休みにして時間が許す限りグルっとお城巡りをしてまいりました。お目当ては松坂《まつさか》城（松阪市）や三瀬館《みせやかた》（大台町）、田丸城（玉城町）など色々あったんですが、やはり津《つ》城（津市）は外せません！

「安濃《あのつ》津城」とも呼ばれるこのお城は、一六〇八年（慶長十三）に〝築城名人〟としても知られる藤堂高虎《とうどうたかとら》が入城して改築を行い、江戸時代を通して藤堂家の居城となっています。高虎が手がけたお城（今治《いまばり》城や宇和島《うわじま》城など）と同じように水堀を巧《たく》みに取り入れた美しい平城《ひらじろ》です。

ちなみに、築城は織田信長《おだのぶなが》が支配していた永禄年間（一五五八～七〇）とされていて、築城主は「田辺《たなべ》城の戦い」で西軍として参戦したものの、戦後に許された信長の弟・織田信包《のぶかね》です。信包は一五七三年（天正元）に滅ぼされた浅井《あざい》長政《ながまさ》の正室（お市《いち》の方《かた》）やその三人の娘（茶々《ちゃちゃ》、初《はつ》、江《ごう》）を保護したともいわれていて、四人はしばらくの間、津城で生活を送った可能性もあるみたいです。

さて、そんな津城では、関ヶ原の前哨戦《ぜんしょうせん》が行われています。いわゆる「安濃津城の戦い」です。

当時の城主は富田信高。この名前を聞いてすぐにピンとくる方《かた》は、かなりの戦国通！

富田家は近江《おうみ》（滋賀県）の守護《しゅご》などを務めた京極《きょうごく》家（143Pからの「京極高次《たかつぐ》」を参照）の家臣にあたる家柄で、浅井郡の富田（長浜市の地名）を本拠地としていたといいます。

まず、父の富田一白《いっぱく》が織田信長に見出《みいだ》されて若い頃から旗本として仕えました。「本能寺《ほんのうじ》の変」後は豊臣秀吉《とよとみひでよし》の側近となり、奉行《ぶぎょう》として各地の大名（特に関東・東北）との交渉にあたっています。豊臣政権では五奉行が有名ですが、富田一白も五奉行に劣らないほど秀吉を支えた優秀な奉行だったようです。

そんな父は関ヶ原の前年の一五九九年（慶長四）に亡くなり、父と同じく秀吉に仕えていた富田信高さんがその跡を継ぎ、安濃津城の城主となったわけです。

そして、翌年の「会津征伐《せいばつ》」で徳川家康《とくがわいえやす》に従った富田信高さんは、「小山評定《おやまひょうじょう》」の後に急いで帰国。安濃津城に戻り、西軍の開城勧告を拒否して、東軍であることを表明します。

そのため、伏見《ふしみ》城を落とした後に伊勢《いせ》（三重県）に進軍していた毛利《もうり》家（毛利秀元《ひでもと》、吉川《きっかわ》広家《ひろいえ》、安国寺《あんこくじ》恵《え》瓊《けい》）や長束《なつか》正家《まさいえ》、長宗我部《ちょうそかべ》盛親《もりちか》など約三万ともいわれる西軍の大軍勢が、安濃津城を包囲。八月二十四日から総攻撃を仕掛けたのです。こうして「安濃津城の戦い」が始まりました。

あ、〝イケメンの若武者〟は、この後すぐです！

○まさかまさかの城外脱出劇

大軍に包囲された安濃津城に籠城《ろうじょう》していた兵は約千七百。実に少ない！　西軍の猛攻を前に、安濃津城は三の丸と二の丸が落とされ、あっという間に本丸を残すのみとなってしまいました。

しかし、富田信高さんはあきらめませんでした。なんと、本丸から打って出たのです。信高さん自ら槍《やり》をふるって奮戦しますが、やはり多勢に無勢。安濃津城に戻って切腹しようとしたものの、周囲を敵兵に囲まれてしまい、絶体絶命の大ピンチに陥ってしまいました。

「もはや、これまでか……」

信高さんがそう思ったその時でした！

半月《はんげつ》の前立《まえだ》てに緋威《ひおどし》の甲冑《かっちゅう》を身にまとい、片鎌《かたかま》の槍《やり》を手にしたイケメンの若武者が颯爽《さっそう》と安濃津城を出撃し、富田信高さんの前に進み出ました。そして、周囲に群がっていた敵兵五〜六人をたちまち槍で倒し、激戦で疲労困憊《こんぱい》だった富田信高さんを担《かつ》いで救い出したのです。

城内まで運んでもらった富田信高さんですが、イケメン若武者が誰なのか、まったくわかりませんでした。

この時、上野《うえの》城（津市）の城主だった分部《わけべ》光嘉《みつよし》が援軍として軍勢を引き連れていたので、信高さんは「あの若武者は分部家の家臣ですか？」と聞いてみました。ところがなぜか分部家にも該当する家臣はいませんでした。

するとと、イケメン若武者が富田信高さんに近寄り、涙ながらに次のように言いました。

「うれしゅうございます。お討《う》ち死にしたと聞いて、枕《まくら》を同じにして討ち死にしようと出撃しました。生きてお目にかかれるとは思いもしませんでした」

そこで富田信高さんは、ようやく気付きました。

「あ、これ、妻だ」

いやはや、めちゃくちゃ驚いたことでしょう（笑）。取り囲む敵兵をバッタバッタとなぎ倒して自分を救出したのが、なんと愛する美人妻だったんです！　奥さん、強い！

しかし、妻のおかげで無事に帰城できたものの、西軍は安濃津城への激しい攻撃をゆるめません。

そして、翌八月二十五日（二十六日とも）に西軍は高野山《こうやさん》（和歌山県高野町）の僧侶の木食応其《もくじきおうご》を安濃津城へ派遣《はけん》して、富田信高さんに降伏を勧告。富田信高さんはこれを受け入れて、安濃津城は開城となります。

居城を出た富田信高さんは、援軍の分部光嘉とともに専修寺《せんじゅじ》（津市）で剃髪《ていはつ》して高野山に入りました。こうして「安濃津城の戦い」は終焉《しゅうえん》を迎えます。

その後、関ヶ原本戦で東軍が勝利を収めると、家康への忠義が評価されて安濃津城に復帰。二万石《ごく》を加増されて七万石の大名となりました。

これもすべて、生きていたからこそです。奥さんに感謝です！

ちなみに、この富田信高さんの奥さんの話は、当時の史料では確認することができず、江戸時代中期の『武功雑記《ぶこうざっき》』などに記されている逸話です。残念ながら、奥さんの実の名前は伝わっておらず、書籍などでは〃富田信高の妻〃として登場したりします。

ちなみに、武田信玄《たけだしんげん》の側室となって武田勝頼《かつより》を産んだ「諏訪御料人《すわごりょうにん》」と称される女性は、実は実名がわかっていないんですが、NHK大河ドラマの原作にもなった井上靖《いのうえやすし》さんの『風林火山《ふうりんかざん》』で「由布《ゆふ》姫」と名付けられていることから、その名前が定着しています。

フィクションがまるで史実のようになってしまうのはもちろんダメですが、富田信高さんの奥さんも〃妻〃ではなんだか味気ないので、親しみを込めて何か通称があってもよいんじゃないかなと個人的には思っております。三重県津市さん、町興《おこ》しにいかがでしょうか！　あ、イベント開催の際は、ぜひお呼びくださいませ（笑）。

○幕府の陰謀に巻き込まれたさびしい晩年

さて、奥さんのおかげで命拾いをした富田信高さんはその後、奥さんには頭が上がらなかったことでしょうが、実はその奥さんが原因となって改易《かいえき》となってしまうんです。

冒頭に触れた通り、一六〇八年、津城には藤堂高虎が入りましたので、富田信高さんは代わりに宇和島城に移って宇和島藩主（約十万石）となります。ここまではよかったんですが、同じ年に奥さんの実家のほうでトラブルが発生していて、信高さんもそれに巻き込まれてしまいます。

富田信高さんの妻は実家が宇喜多《うきた》家で、西軍で参戦した五大老《たいろう》の宇喜多秀家《ひでいえ》の従兄弟《いとこ》&養女といわれています。また、関ヶ原の直前の宇喜多家の御家《おいえ》騒動（238P参照）で、宇喜多家を出奔《しゅっぽん》して家康に味方した宇喜多詮家《あきいえ》（戦後に「坂崎直盛《さかざきなおもり》」と改名。「大坂の陣」では家康の孫娘・千《せん》姫を大坂城から救出する）は奥さんの弟にあたります。

信高さんが改易に追い込まれるトラブルは、この義弟の宇喜多詮家改め坂崎直盛とのものでした。

まず、妻＆坂崎直盛の甥《おい》である浮田《うきた》左《さ》門《もん》が、刃傷《にんじょう》事件を起こして坂崎直盛のもとを出奔、おばのいる富田信高さんのもとへ逃れました。義理の甥とはいえ、他家で殺害事件を起こした浮田左門を匿《かくま》う必要はないのですが、富田信高さんは保護してしまいます。当然、坂崎直盛は大激怒。浮田左門の引き渡しを求めますが、信高さんは拒否して、両者は一触即発の関係となってしまいます。

その後、先述した通り、富田信高さんは宇和島へ移りますが、そのタイミングを狙ってひそかに浮田左門を日向《ひゅうが》の縣《あがた》藩（後の延岡《のべおか》藩。宮崎県延岡市）に逃がしました。当時の縣藩主は高橋元種《たかはしもとたね》。関ヶ原では西軍として大垣《おおがき》城に籠城し、本戦で西軍が敗れると東軍に寝返って熊谷直盛《くまがいなおもり》や垣見《かきみ》一《かず》直《なお》などを大垣城内で暗殺して開城に繋《つな》げた武将です。

なんでそんな人物に甥っ子を託したのかというと、こちらもまた妻の御縁。高橋元種の正室が富田信高さんの義妹（妻の妹）だったためです。

優しい富田信高さんの妻は、縣にいる甥にお米の仕送りを送って生活を支えたものの、坂崎直盛にこの一件がバレてしまい、江戸幕府二代将軍の徳川秀忠《ひでただ》に訴えられてしまいます。そして、家康と秀忠、幕府の重臣たちによって裁定が行われ、富田信高さんは「罪人である浮田左門に仕送りをしていた」という妻の罪によって、なんと改易が命じられてしまいます。

浮田左門は処刑となり、匿った義弟の高橋元種も同様に改易、富田信高さんの弟で下野《しもつけ》（栃木県）の名門の佐野《さの》家を継いでいた佐野信吉《のぶよし》（政綱《まさつな》）もついでに改易になっています。

こうして、富田信高さんは妻のおかげで生き残って大名に復帰したものの、妻の優しさが仇《あだ》となって弟たちともども、大名を〝クビ〟になってしまったのです。なんというモヤモヤする結末！

ちなみに、この改易の連鎖は一六一三年（慶長十八）の出来事です。浮田左門が縣に逃げて、妻が仕送りを送っていたのは、信高さんが宇和島へ転封《てんぽう》になった一六〇八年のこと。五年前の事件を引っ張り出してきて、まとめて改易というのは少しやり過ぎのような気がします。

実はこの事件には裏があったようで、江戸幕府の代官として権勢をふるった大久保《おおくぼ》長安《ながやす》の死後に幕府が長安の一族を粛清《しゅくせい》した事件（「大久保長安事件」）とリンクしているというのです。

金山や銀山の管理などでハンパじゃない財力と権力を握った大久保長安ですが、死後に不正に蓄財していたという罪が発覚して（幕府の陰謀？）息子たちが切腹に追い込まれました。その中に嫡男《ちゃくなん》の大久保藤十郎《とうじゅうろう》というお方がいたんですが、この人物の母が富田信高さんの妹だったともいわれています。つまり、大久保藤十郎は実の甥にあたり、信高さんは大久保長安の近い親戚ということで改易となってしまったというのです。

どっちの改易理由にしろ、富田信高さんは直接関与していないものなので気の毒です。

富田信高さんは改易されると、磐城平藩《いわきたいら》（福島県いわき市）の鳥居忠政《とりいただまさ》（鳥居元忠《もとただ》の子）に預けられ、一六三三年（寛永十）に同地の禅長寺《ぜんちょうじ》で亡くなりました。一方、信高さんの妻に関することはわかっていませんが、夫とともに磐城で余生を過ごしたのかもしれません。

ピックアップ武将❷

明智光秀

あけち・みつひで
一五二八（享禄元）?〜一五八二（天正十）

○衝撃！　死んだはずのあの男が関ヶ原に参戦予定だった!?

二〇二〇年（令和二）の大河ドラマ『麒麟《きりん》がくる』の主人公となり、さらに注目を集めているる武将といえば明智《あけち》光秀《みつひで》さんです！

本能寺《ほんのうじ》で主君の織田《おだ》信長《のぶなが》に謀反《むほん》を起こした、あの光秀さんが実は「関ヶ原の戦いに参戦しようとしていた」という話が残されているんです。

「いやいや、何言ってんの！　明智光秀は山崎《やまざき》の戦いで羽柴《はしば》秀吉《ひでよし》に敗れて、逃げる途中で落ち武者狩りに遭《あ》って亡くなったでしょ？」

そうです、その通りです。しかし、歴史の面白い点は各地に様々な伝承が残されていることです。

その面白い伝承が残されているのが、岐阜県山県《やまがた》市。

一五八二年（天正十）の「山崎の戦い」後の落ち武者狩りで討《う》ち死にしたのは、実は明智光秀さんの影武者で、この地に落ち延びて改名したというのです。

新たな名は「影武者となった家臣の〝荒《あら》〟木《き》行信《ゆきのぶ》の忠誠心に〝深〟く感じ入った」ということで、「荒深小五郎《あらふかこごろう》」と名乗ったそうです。そして、息子の明智乙寿丸《おとじゅまる》と静かに暮らし、修行僧の姿となって全国遍歴の旅に出たといいます。

そして、落ち延びてから十八年後に関ヶ原の戦いが起こります。この時、明智光秀さんは東軍に味方しようと、隠居《いんきょ》地から馬に乗って出陣したのです！

しかし、途中にある藪川《やぶかわ》（根尾川《ねおがわ》）が大氾濫《はんらん》。強引に渡ろうとした明智光秀さんは、馬もろとも川に流され、なんと亡くなってしまったというのです。

その後、明智光秀さんの亡骸《なきがら》や遺品を荒木行信の息子の荒木吉兵衛が持ち帰って、隠居地に埋葬したそうです。その場所には光秀さんのお墓が建てられ、現在も「桔梗塚《ききょうづか》」（明智光秀の家紋が名の由来）という名で伝えられています。

まさか、あの明智光秀が生きていて、さらに関ヶ原に参戦しようとして、なんと川に流されて亡くなったとは！　実に興味深い伝承です。

これ以降、この地域には「荒深」姓が多くなったといわれ、現在も荒深家の方々を中心に年二回の供養祭が行われるなど、桔梗塚は大事に守られています。私もお墓参りに行ったのですが、お墓の周りにある石柱の寄進者の名字に「荒深」姓が多かった印象があります。

ちなみに、なぜ明智光秀さんがこの地に落ち延びた伝承が生まれたかというと、ここが彼の生誕地ともいわれているためです。

明智光秀さんの生誕地には大きく四つの説があるんですが、その一つがこの伝承の残る山県市。光秀さんは、美濃《みの》（岐阜県）の守護《しゅご》を務めた土岐政房《ときまさふさ》（息子の土岐頼芸《よりのり》は斎藤道三《さいとうどうさん》に実権を奪われた守護）の弟である土岐元頼《もとより》の子で、母はこの地域の国衆《くにしゅう》（中洞源左衛門《なかほらげんざえもん》）の娘という説があるんです。その後、光秀さんは明智長山城（岐阜県可児市《かにし》）の明智光綱《みつつな》の養子となったといいます。

そのため、桔梗塚のすぐ近くの白山《はくさん》神社には明智光秀さんの「うぶ湯の井戸跡」があり、少し南を流れる武儀川《むぎかわ》の中洲には明智光秀さんの母が、「生まれてくるのが男なら三日で良いから天下を取るように。女なら天下一の美女に」と祈ったと伝わる「行徳岩《ぎょうとくいわ》」もあります。光秀のお母さん、ちょっと欲張りですね（笑）。

そんな母の願いが届いたのか、明智光秀さんは〝三日天下〟（実際は十一日）を取る稀代《きだい》の名将となったわけなんです！

この一連の伝承、信じるか信じないかはお主《ぬし》次第です（笑）。

ちなみに「明智光秀は江戸幕府のブレーンの南光坊天海《なんこうぼうてんかい》になった」という面白い説も時々目にしますが、これはどうやら都市伝説のようです。「天海が中心となって建立《こんりゅう》した日光東照宮がある日光には、天海が名付けたという〝明智平《だいら》〟がある」など色んな理由付けがされますが、どれも確証はなく後付け感が強いです。「明智光秀＝天海」説は大正時代には登場していたそうですが、正確にいつ頃に登場したのかもわからず、人々がおもしろ歴史ネタとして言い伝えてきたようです。こういう歴史トークって飲み屋で盛り上がるんですよね（笑）。

他にも、源義経《みなもとのよしつね》が大陸に渡り「チンギス・ハン」になったという話もあります。こうした都市伝説の存在は、人々の身近に歴史があって、〝歴史のif〟を楽しんでいたことの証拠でもあります。史実とは別の時間軸で楽しめるのも、歴史の面白さの一つです！

秀吉の妻たちの「関ヶ原」！〝東軍・北政所VS西軍・淀殿〟の真相

「関ヶ原の戦い」が起こった大きな要因の一つとしてよく登場するのが、豊臣秀吉《とよとみひでよし》の奥さんたちの争いです。私もハマった司馬遼太郎《しばりょうたろう》さんの小説『関ケ原』をはじめ、次のような展開で取り上げられます。

秀吉の正室である北政所《きたのまんどころ》（高台院《こうだいいん》）は、夫亡き後の政権は「徳川家康《とくがわいえやす》に頼るほかない」として、甥《おい》の小早川秀秋《こばやかわひであき》や、我が子のように育てた武断《ぶだん》派の加藤清正《かとうきよまさ》や福島正則《ふくしままさのり》などに家康の味方をするように説得し、関ヶ原では東軍に協力。

一方、お拾《ひろい》（後の豊臣秀頼《ひでより》）を産んだ側室の淀殿《よどどの》（茶々《ちゃちゃ》）は「我が子が受け継ぐ政権を家康に奪われてなるものか」と関ヶ原では文治《ぶんち》派の石田三成《いしだみつなり》などと協力して西軍に加担。その後も家康への敵対心を持ち続けた結果、「大坂の陣」で息子もろとも滅亡した。

という感じでしょうか！

つまり、よく語られる対立軸は――

「〈東軍〉北政所・家康・武断派の武将VS〈西軍〉淀殿・石田三成・文治派の武将」ということになります。ドラマなどだと、北政所は落ち着きのある大人の方《かた》が演じて、淀殿は少し悪女感を持つ色気のある方が演じるイメージがあります（偏見ですかね・笑）。

このおなじみのキャラ設定と展開なんですが、実は江戸時代後期の『日本外史《にほんがいし》』などに登場して定着していくもので、当時の史料からはまったく確認することができないんです。ビックリです！

さらに驚くのは、当時の『梵舜日記《ぼんしゅんにっき》』などによると、家康と昵懇《じっこん》で東軍の勝利に貢献したとされる北政所は、敵対関係と描かれがちな石田三成などとむしろ親密な関係にあり、なんと西軍に協力していたとも考えられています。

その理由といわれている北政所の言動・行動は次の通りです！

・大津城《おおつ》に籠城《ろうじょう》した京極高次《きょうごくたかつぐ》に対して、自分の側近（孝蔵主《こうぞうす》）を派遣《はけん》して開城の交渉を行う。
・西軍が敗れたのを知ると、裸足《はだし》で京都の屋敷から逃げ出して公家《くげ》の屋敷に駆け込んだ。
・秀吉や自身の宝物を豊国社《ほうこくしゃ》に運び入れて隠したという。
・石田三成の娘（辰姫《たつひめ》）を秀吉の死後に養女として迎えたとされる。
・大谷吉継《おおたによしつぐ》の母（東殿）や小西行長《こにしゆきなが》の母（マグダレーナ）は自身の側近だったとされる。

「大津城の戦い」（146P参照）は東軍に寝返った京極高次を攻めたもので、開城を迫ったのはもちろん西軍です。その使者を派遣しているのですから西軍寄りのアクションです。

また、戦後にあわてて逃げ出したり、奪われないように宝物を隠したりする行為は、東軍に味方していたのであれば、辻褄《つじつま》の合わない行動となります。

身の回りには西軍の主力となった武将たちの親族が仕え、石田三成の娘を養女に迎えたともいわれているので、血縁関係も明らかに西軍寄りなわけです。

また、戦後には福島正則や加藤清正などとの交流も見られず、東軍に協力した言動はまったくもって見られないのです。

それなのになぜ「北政所＝東軍」になったのか！

これは個人的な見解ですが、江戸時代、淀殿は〝神様の家康に歯向かって最終的に滅ぼされた悪妻《あくさい》キャラ〟なのに対して、家康と敵対せずに大坂城を出て京都で過ごした北政所は〝神様の家康に従った良妻《りょうさい》キャラ〟として、それぞれ扱いやすかったのではないでしょうか。

それが徐々に盛られていき、当時の記録よりもキャラが優先されてしまったのかもしれません。

ちなみに、北政所の京都の屋敷というのは「京都新城《しんじょう》」のことです。これは聚楽第《じゅらくてい》を廃城にした秀吉が新たに築城したものですが、江戸時代初期に取り壊されたため、遺構がまったく発見されていない〝幻の城〟でした。ところが、今年（二〇二〇年）になって金箔瓦《きんぱくがわら》や石垣、堀などが発掘され〝今世紀最大の発見〟として話題になりました。

歴史学と考古学が交錯《こうさく》してくるところが、これまた歴史のたまらなく面白いところですね！

第三部
西軍武将列伝

関ヶ原の敗者となった西軍も、これまた超ドタバタ劇！

「とにかくグチるリーダー」「決戦前日に降伏する総大将」

「責任を同僚になすり付ける知将」「首謀者なのに敵に内通する奉行」

などなど、武将たちの迷走をクローズアップ！

石田三成《いしだ・みつなり》

一五六〇（永禄三）〜一六〇〇（慶長五）

みんなしっかりしてくれよ！
グチりまくる西軍のリーダー

DOTABATAパラメーター

統率力	☆☆☆
人望	☆（大谷吉継評）
グチり具合	☆☆☆☆☆
ドタバタ度	☆☆☆☆☆

〇東軍総大将は家康、では西軍総大将は？

〝「関ヶ原の戦い」の西軍の総大将は？〟と聞かれたら、ついつい「石田三成！」と答えてしまいたくなりませんか？

正解はもちろん「毛利輝元《もうりてるもと》」なんですが、石田三成は西軍のリーダーとなって牽引《けんいん》し、敗戦後は西軍を代表して斬首《ざんしゅ》されたこともあって西軍〝総大将〟というイメージが非常に強いです。私ごとですが、「好きな武将ベスト3」の一人でもあります（他は明智光秀《あけちみつひで》と小田氏治《おだうじはる》、将軍ということで別枠に足利義輝《あしかがよしてる》）。

豊臣秀吉《とよとみひでよし》亡き後、三成さんは五奉行《ぶぎょう》の筆頭である自らを中心に豊臣政権を維持していこうとしますが、五大老《たいろう》筆頭である徳川家康《とくがわいえやす》の台頭を許します。そんな情勢の中、一五九九年（慶長四）閏《うるう》三月に起きた、三成さんに不満を抱く福島正則《ふくしままさのり》や加藤清正《かとうきよまさ》など（いわゆる「七将」）による石田三成襲撃事件（襲撃ではなく訴訟事件だったとも）の責任を負わされた三成さんは、五奉行を解任されて政権から引退。居城の佐和山《さわやま》城（滋賀県彦根市）に隠居《いんきょ》することとなりました。

しかし、石田三成さんは挽回のチャンスを待ち続け、ついにその時が訪れます。一六〇〇年（慶長五）六月十六日、「会津征伐《せいばつ》」のために、家康が諸大名を引き連れて大坂城を出陣して畿内を留守にしたのです。

佐和山城にいた石田三成さんが、どのタイミングでアンチ家康の挙兵の動きに出たかハッキリとはわかりません。しかし、三成さんとともに決起した三奉行（増田長盛《ましたながもり》、長束正家《なつかまさいえ》、前田玄以《まえだげんい》）は、七月十二日に広島にいる五大老の毛利輝元《もうりてるもと》に挙兵を促《うなが》す書状を送っています。七月十七日には三奉行によって家康を糾弾《きゅうだん》する「内府《だいふ》違いの条々」（詳しい内容に関しては「増田長盛」の項で）が全国の大名に送られました。つまり、六月後半から七月上旬にかけて、三成さんは三奉行と結託して挙兵し、すぐさま九万五千余といわれる西軍を築き上げたということになります。

その手腕と行動力は、実にお見事！

〇使えぬ武将、裏切る仲間――疑心暗鬼の三成

西軍は七月十八日から家康の家臣が守る伏見《ふしみ》城を包囲し、八月一日に攻め落とします。伏見で戦況を見聞した石田三成さんは佐和山城に戻り、戦術を練ります。

当時、真田昌幸《さなだまさゆき》や真田信繁《のぶしげ》（幸村《ゆきむら》）、佐竹義宣《さたけよしのぶ》などに送った書状を見ると、三成さんのプランは家康を尾張《おわり》・三河《みかわ》（愛知県）で迎え撃つというものだったようです。

また、岐阜城の織田秀信《おだひでのぶ》（信長《のぶなが》の孫）を味方に付けると、さらに意外なことに清洲《きよす》城（愛知県清須市）の福島正則にも西軍に付くように交渉を重ねています。「福島正則は石田三成が嫌いだったから東軍に付いた」といわれることが多いですが、感情論で片付けられるほど武将業界は単純なものではないようです。

しかし、いつの間にやら東軍は結託！　結果的に福島正則との交渉は決裂してしまいます。福島正則や池田輝政《いけだてるまさ》を先陣とする東軍は、尾張や美濃《みの》（岐阜県）の西軍の諸城を攻め始め、三成さんのプランは崩壊しました。

その頃、石田三成さんがいたのは大垣城《おおがき》（岐阜県大垣市）。この城を西軍の本陣としますが、届くのはバッドニュースばかり……。西軍の諸城が次々と攻め落とされ、ついに八月二十三日には岐阜城も陥落してしまいます。そして、八月二十六日には大垣城が東軍によって包囲されてしまいました。

東軍の進軍が進み、西軍にとって戦況が悪化していく中、石田三成さんは九月十二日に盟友（と思っていた）増田長盛に書状を送っています。超絶なドタバタ状況で書かれたその書状は十七ヶ条に及び、内容はほぼほぼ三成さんの愚痴《ぐち》になっています。私なりに現代語訳（〈〉内は私の推測）したので、三成さんに同情しつつお読みくださいませ。チラッと見て「長っ！」と思った方は、各文の意訳タイトルだけでも目をお通しください。

①「敵が動かなくて怪しい！　何か待ってる？」

赤坂（岐阜県大垣市）の敵（東軍）は、今日になっても何の行動も起こさずに、ただじっとしているだけだ。まるで何かを待っているように〈家康の着陣を暗示？〉見受けられるので、みんながが不審だと言っている。

②「大垣城主の伊藤盛正《いとうもりまさ》は使いものにならないし、その家臣たちも信用できない!」

大垣城には伊藤盛正(大垣城主だったが西軍に譲る)の家来をはじめ、近辺の者まで人質に取っている。しかし、敵より放火の動きがあったため、伊藤盛正は若輩《じゃくはい》(年齢不明)ということで、その家臣たちが勝手に様々な動きをするので、心を許すことができない。

③「長束正家と安国寺恵瓊《あんこくじえけい》もダメ、使えない、頼りにならない!」

今日の会議で味方の軍略も大体決まるだろう。

おととい、自分たちは長束正家と安国寺恵瓊の陣所(毛利軍が陣を張った南宮山《なんぐうさん》付近)を訪れて、彼らの意見を聞いたが、聞いた限りでは、事がうまくいくとは思われない。というのも、彼らはことのほか、敵に対して大事を取って、たとえ敵軍が敗走しても壊滅《かいめつ》させる工夫もしない。とにかく自分の身の安全ばかりを考え、陣所を垂井《たるい》の高所(南宮山)に設けたが、そこには人馬のための水もない高い山で、万が一の時も兵を下山させたり登山させたりできないほどの山である。そのため、味方も不審に思っているが、敵もきっとそう思っているだろう。

④「兵糧《ひょうろう》の確保を全然しない! 敵にビビってる!」

この場所で刈田《かりた》(田んぼの稲を刈り取ること)を行えば兵糧はいくらでもあるのに、敵を恐れて刈田にさえ人を出さない。兵糧は近江《おうみ》（滋賀県）から運ぶことにしているようだが、近頃は味方全体が畏縮《いしゅく》してしまっている。

⑤「下々《しもじも》の噂《うわさ》だけど、あなた（増田長盛）、家康と内通してない？」

とにかくこのようにダラダラと日を延ばしているようでは、味方の心中もわからなくなってくる。今こそご判断をするべき〈そろそろ出陣してくれというお願い？〉時です。敵や味方の下々（身分の低い者）の噂では、増田長盛と家康との間に密《ひそ》かに話し合いがついていて、（大坂にいる東軍の）人質の妻子は一人も成敗《せいばい》することはないと言っている。

ただこれは、物のわかった者（身分の高い者）が話していることではなく、下々が話していることである。先ほども申したように、犬山城（九月三日に東軍により落城）に援軍に行った軍勢が裏切ったのも、自分たちの妻子たちが大丈夫だからであると、下々が言っている。そのため、敵の妻子を三～五人殺せば、敵の心中も変わるだろうと、こちらの武将たちは言っている。

⑥「裏切った大津《おおつ》城主の京極高次《きょうごくたかつぐ》は、厳罰に処すべきだ！」

大津城の京極高次（東軍に寝返り籠城《ろうじょう》戦をしていた。143P参照）は、この際、徹底的に処分しなければ、これ以降の処分に支障をきたすと思う。京極高次の弟の京極高知《たかとも》（東軍として関ヶ原本戦に参戦）が、こちらで様々な策略を企《くわだ》てていることもありますので。

⑦「もしかして、アイツ、敵と内通してる……？　あと、人質意味なくない⁉」

敵の様子を見に行かせた者からの報告が届いた。

佐和山から出陣した軍勢の中で、大軍を率いて敵と内通し、伊勢《いせ》（三重県）への出陣をせずに「各自それぞれの陣所で待機するように」と命じたという噂〈東軍に寝返る気配を見せた小早川秀《こばやかわひで》秋《あき》を暗示？〉が、この二、三日しきりに伝えられてきた。

これを聞いて敵は勇気づいていたが、近江の軍勢のほとんどが山中《やまなか》（関ヶ原にある地名）へ出陣したので、敵は「噂は間違っていた」と言っているらしい。

とにかく人質を成敗しなければ、人質について（東軍の武将たちが）心配しないのは当然で、これでは人質も意味がないように思う。

⑧「毛利輝元の軍勢を要所に入れておこう！　人の心はわからない……」

連絡のためのお城には、毛利輝元の軍勢を入れておくようにすることが大事である。しっかりとお考えになっていただき、伊勢をはじめ大田や駒野（岐阜県南濃町）に城を構えることが良いと思う。近江と美濃の境目にある松尾の城〈小早川秀秋の陣地になる松尾山《まつおやま》？〉や各地の番所にも、毛利輝元の軍勢を入れておくことが大事である。どんなに信頼を置ける遠国の軍勢でも、最近は所領に対する欲望が強いので、人の心はわからない。ご判断をすべき時である。

⑨「心を合わせれば敵を撃破可能！　ただ、島津《しまづ》も小西《こにし》も遠慮しすぎ！」

こちらは、なんとかみんなで心を合わせれば、敵陣を二十日以内に撃破することは簡単なことである。しかし、この状況だと、結局は味方の中に思いがけないことが起こる〈裏切りなど？〉のは、目に見えることです。よくよくご判断いただきたい。

島津義弘《よしひろ》、小西行長《ゆきなが》なども同意見であるが、遠慮しているようだ。私は自分が思っていることをすべて残らず言っているのに。

⑩「味方がだらしなくて仕方がない！　あなたに見せてあげたい！」

長束正家、安国寺恵瓊は思いのほか、引っ込み思案である。あなた（増田長盛）にこちらの様子を一目でよいからお見せしたい。敵のだらしない様子や、味方の意見の不一致といい、どちらも論外であるが、それ以上に味方のだらしなさは情けないものだ。

⑪「家康が来ない限り大丈夫！　毛利輝元、東軍に内通してないよね？」

毛利輝元が出陣しないことは、自分はもっともだと思う。家康が西上しない以上〈家康が九月一日に江戸城を出陣していることは知らなかったらしい〉は不必要かと思う。これについても下々は不審に思っているようで、色々と噂〈毛利輝元が東軍に内通している噂？〉をしている。

⑫「お金やお米を使う時は今！　ホントお願いしますよ！」

度々お伝えした通り、金銀や米や銭を使う時は今です。私は手もとにあるものをすべて使ってしまった。人を召し抱えたので、私の予算の逼迫《ひっぱく》をお考えいただきたい。今が一番大事な時期だと思うので、あなたもその決意でお願いします。

⑬「アイツが裏切るかもしれない！　ただただ迷惑だ！」

近江から出陣してきた軍勢〈小早川秀秋？〉には、万が一不慮のこと〈裏切り？〉もあろうかと思うのですが、これがただただ迷惑なことです。

毛利輝元の出陣がなければ、毛利軍を五千ばかり佐和山城へ入れておくことが大事です。また、伊勢へ出陣した毛利軍は、万が一の時は大垣城や佐和山城への道を通らずに、太田や駒野から畑道を通って、ただちに近江に撤退しようという意図に見られるので、長引くことと思われる。

⑭「宇喜多秀家《うきたひでいえ》は使える！　あなたも島津も小西もお願いしますよ！」

宇喜多秀家の今回の覚悟はあっぱれで、いろいろな方々からお聞きになるだろうから申し上げるまでもないですが、一命を賭《か》けて戦おうという態度です。そのようなお考えであってほしい。島津義弘と小西行長も同様である。

⑮「人質は宮島《みやじま》へ移しましょう！　判断は早く！」

当分の間、成敗をしない人質の妻子は、宮島（厳島《いつくしま》。広島県廿日市《はつかいち》市）へ移すのが良いだろう。判断が遅くなったら良くない。

⑯「長束と恵瓊のせいで、軍勢がムダになる！」

長束正家と安国寺恵瓊は、この度、伊勢方面から出陣した毛利軍はもちろんのこと、大谷吉継《おおたによしつぐ》および豊臣秀頼《ひでより》の直属の弓・鉄砲衆までも、南宮山に引き寄せようとしているので、軍勢が少々無駄になるようだ。

⑰「丹後《たんご》方面の軍勢をこちらに向かわせて！」

丹後（京都府）方面の軍勢がいらなくなったようだから、その軍勢を少しでもこちらへ向かわせるようにして欲しい。

以上が、全十七ヶ条のグチ書状になります。

石田三成さんからすると、とにかく味方がだらしないこと、特に長束正家と安国寺恵瓊が使えないことにムカついていたみたいですね（笑）。

あと、直接の名前は挙げられていないものの小早川秀秋の裏切りには勘づき、総大将の毛利輝元の内応疑惑もキャッチしていたようです。

そんでもって、家康の到着を待っている東軍が動かないこともシッカリと怪しんでいます。

何よりも、送り相手である増田長盛の内通疑惑にもガッツリ踏み込んで、本人に問い質《ただ》す内容になっています。

ところがこの書状、大津で敵に奪われ、東軍へと運ばれたそうで、増田長盛の手には届かなかったといわれています。つまり、合戦の前に、西軍の機密情報はダダ漏《も》れだったのです！

そして、皮肉なことに、三成さんの冷静な戦況分析は見事に的中。

書状を送った増田長盛は七月十二日の段階ですでに西軍挙兵のウワサを家康の側近に伝えて内応しており、合戦では小早川秀秋は東軍に寝返り、めちゃくちゃ〝ディスられ〟た長束正家と安国寺恵瓊は傍観して戦わず、西軍は大敗を喫してしまったのです。

その後に石田三成さんを待ち受けていた運命は、皆さんご存知の通りです。

さて、関ヶ原前夜の緊迫した戦況を伝えてくれる、石田三成さんの十七ヶ条のグチ書状！　非常に興味を引き立てる内容になっています。

しかし、この書状、実は偽造されたものともいわれているんです。

掲載されているのは江戸時代の『古今消息集《こきんしょうそくしゅう》』で、原本は伝えられていません。内容に関しても、三成さんの他の書状と比べると、「戦況を冷静に分析して対策を講じる」という部分は見られるものの、それがほぼほぼグチに繋《つな》がっているのは明らかにオカシイです。

また、ほとんどが歴史の結末（裏切りや内通、西軍の敗戦など）がわかっているような内容になっているのもプンプン臭《にお》いまくります。

関ヶ原のドタバタを楽しむ上では、必須のおもしろ書状ですが、果たしてホンモノなのでしょうか。また、ニセモノであるとしたら、石田三成さんは実際にどれほど戦況を分析できていたのでしょうか。読者の皆さんは、どう思います？

毛利輝元

野心ギラギラ、「関ヶ原」の黒幕!?「決戦前に降伏」の謎行動！

もうり・てるもと　一五五三（天文二十二）～一六二五（寛永二）

DOTABATAパラメーター

統率力	☆
野心	☆☆☆☆☆
黒幕度	☆☆☆☆☆
ドタバタ度	☆☆

○石田三成の陰に隠れた西軍総大将の実像とは？

〝関ヶ原の西軍の総大将＝石田《いしだ》三成《みつなり》〟の感がありますが、実は毛利輝元であったことは、前項でも書いたとおりです。ところが、輝元さんは本戦には参加しておらず、ずっと大坂城にいたため、総大将を務めたイメージはあまりないかもしれません。

歴史ドラマなどだと、謀臣の安国寺《あんこくじ》恵瓊《えけい》（214P参照）にそそのかされてアンチ家康グループのトップに据《す》えられ、結果的に敗戦してしまった〝超凡将《ぼんしょう》〟として描かれることが多い印象があります。

ところが！　実際はそんなこともなさそうなんです。というか、むしろその逆？　野心ギラギラの関ヶ原の黒幕的な存在だったのです。

毛利輝元さんは、一代にして中国地方の大半を手に入れた稀代《きだい》の知将・毛利元就《もとなり》の孫にあたる人物です。父の毛利隆元《たかもと》が早くに亡くなってしまい、わずか十一歳で家督を相続。その後、間もなくして祖父が亡くなると、二人の叔父《おじ》が後見役として毛利輝元さんをフォローしました。

それが吉川元春《きっかわもとはる》と小早川隆景《こばやかわたかかげ》（いずれも周辺の国衆《くにしゅう》に養子に出たため名字が異なる）です。この二人には「川」という文字が入ることから「毛利の両川《りょうせん》」と称されています。特に小早川隆景の教育はスパルタだったらしく、怒鳴られたり叩かれることもしばしばだったといいます（ちなみに、吉川元春の子には吉川広家《ひろいえ》、小早川隆景の養子には小早川秀秋《ひであき》と、どういったためぐり合わせか、関ヶ原における超キーマンの武将がいます。詳しくはそれぞれの項をご参照くださいませ）。

毛利輝元さんは織田信長《おだのぶなが》が健在の時は、織田家とは度々激しい合戦を繰り広げていました。

しかし、信長亡き後、豊臣秀吉《とよとみひでよし》の時代が到来すると、早くから秀吉に臣従。「豊臣」姓や「羽柴《はしば》」の名字を与えられるなど、豊臣政権でトップクラスの有力大名となり、五大老《たいろう》にも任命されました。また、スパルタ叔父の小早川隆景も五大老に任命されている（吉川元春はすでに死去）ので、毛利家がどれほど秀吉によって重要視されていたかがわかります。

歴史の結末を知っている私たちは、「秀吉の死後、天下はすぐ徳川家康のものに！」とついつい考えてしまいますが、毛利輝元さんが次期政権の主導権を握るために暗躍していることを見逃してはいけません。輝元さんは秀吉の死（一五九八年八月十八日）からわずか十日後に、五奉行《ぶぎょう》（家康派と見られた浅野長政《あさのながまさ》を除く）に宛てた起請文《きしょうもん》を提出しました。

「五大老の中であなた方四人の意見に賛同しない者がいれば、私はあなた方に味方する」

つまり、四奉行と「賛同しない者＝家康」が対立していく空気を察して、アンチ家康派の「毛利輝元－四奉行」グループを結成する動きを見せたのです。

その後、決定的な対決はなかったものの、翌年に五大老の前田利家《まえだとしいえ》が亡くなってパワーバランスが崩れると、家康が一気に台頭。アンチ家康グループを形成していた石田三成も隠居《いんきょ》に追い込まれてしまいます。さらに、五大老の前田利長《としなが》（利家の子）が家康に降伏。続いて、同じく五大老の上杉景勝《うえすぎかげかつ》が家康のターゲットに……。毛利輝元さんとしては、このあたりで一発逆転しなければ、次は自分が討伐《とうばつ》の標的となる可能性も十二分にありました。

そんなタイミングで、アンチ家康グループが一種のクーデターを起こすのでした！

○野心家・輝元、四国九州での〝暗躍〟

「大坂の仕置き（政務）についてご意見をお聞きしたいので、早々に大坂へ来てください」

三奉行（増田長盛《ましたながもり》、長束正家《なつかまさいえ》、前田玄以《まえだげんい》）が毛利輝元さんに上坂《じょうはん》（地方から大坂に出ること）を要請した書状が書かれたのは一六〇〇年（慶長五）七月十二日のことでした。抽象《ちゅうしょう》的な内容ですが「アンチ家康グループで挙兵するので、その総大将に！」という意味が込められていたと考えても差し支《つか》えはないでしょう。

この書状には「詳しい情報は安国寺恵瓊から説明」とあるので、仲介をしていたのは大坂にいた安国寺恵瓊だったようです。

祖父の毛利元就が遺《のこ》した家訓は「天下を競望《きょうぼう》せず」。つまり「毛利家は天下取りをしてはいけない」ということです。

「わかったよ、爺《じい》ちゃん……」とは野心家の毛利輝元さんはまったく思わず、書状を受け取ってすぐさま支度。なんと、七月十五日に大軍を率いて広島城を出陣するのです。早っ！

そして、秀吉の「中国大返し《おおがえし》」もビックリのスピードで船で進軍し、大坂に到着したのは二日後の七月十七日でした。超早い!!!

ちなみにこの日、三奉行の連署《れんしょ》で「内府違《だいふちが》いの条々」（203P参照）が全国の大名に出されます。

さらに二日後の七月十九日には、ついに大坂城へ入城し、家康が居住していた西の丸に入りました。こうして、関ヶ原の西軍総大将・毛利輝元が〝爆誕〟したのです！

しかし、約一万五千といわれる大軍を輝元さんが直接率いることはなく、自身は大坂城に残ることとすると、毛利軍の総大将には従兄弟《いとこ》&元養子の毛利秀元《ひでもと》（同じく毛利元就の孫）を指名し、そこへ重臣の安国寺恵瓊や吉川広家が加わりました。そして、この大軍は伊勢《いせ》（三重県）方面の東軍の諸城を攻略後、関ヶ原本戦では南宮山《なんぐうさん》という要所を陣地にしたものの、東軍に内応して戦わないという流れになったわけです。

しかし、大坂城入城から関ヶ原本戦まで、毛利輝元さんが何もしていなかったということではありません。ちゃんと暗躍しています。

それが四国と九州への侵攻と調略でした！

毛利輝元さんはまず、大坂に残していた軍勢を使って阿波《あわ》（徳島県）を占領しました。当時、阿波は蜂須賀《はちすか》家の領地でした。家康の「会津征伐《せいばつ》」へは息子の蜂須賀至鎮《よししげ》がわずか十八騎で従軍し、父の蜂須賀家政《いえまさ》（秀吉の重臣として有名な蜂須賀小六《ころく》の息子）は大坂に残っていました。ところが、父は家康派だったため高野山《こうやさん》へ追放され、蜂須賀家の大坂や阿波に残されていた軍勢は西軍が掌握、阿波も毛利軍によって占領されてしまったのです。実に迅速《じんそく》！

また、讃岐《さぬき》（香川県）も同様でした。讃岐の大名の生駒《いこま》家は息子の生駒一正《かずまさ》が家康に従軍。残された父の生駒親正《ちかまさ》は追放され、高野山に入ったとされています。生駒家の軍勢も西軍に掌握され、生駒軍は「田辺城の戦い」（83P参照）に参戦しています。ちなみに、親子で東西に分かれた両家は「やむなく西軍、息子が東軍」だったため戦後に許されています（103P参照）。

毛利輝元さんの暗躍はさらに続きます。領地である安芸《あき》（広島県）と瀬戸内海を挟んだ伊予《いよ》（愛媛県）を占領しようと画策したのです。伊予はかつてスパルタ叔父・小早川隆景の領地だったので、この地域の国衆《くにしゅう》たちとのパイプがあり、調略や一揆《いっき》の扇動《せんどう》を行うことができたのです。

当時、伊予で東軍に味方した大名は、板島城（後の宇和島《うわじま》城。愛媛県宇和島市）の藤堂高虎《とうどうたかとら》と松前城（愛媛県松山市）の加藤嘉明《かとうよしあき》でした。

毛利輝元さんは二人の領地の攻略法を別々で考えました。

まず、藤堂高虎の領地には攻撃を仕掛けることなく、国衆たちに調略をかけました。

輝元さんはこの調略作戦に手応《てごた》えがあったらしいのですが、多くの国衆を巻き込んだ大規模な一揆に持ち込むことはできませんでした。ただ、藤堂高虎に従っていた三瀬六兵衛《みせろくべえ》という有力な国衆が、輝元さんの甘い誘いに乗っかって一揆を起こしています。ところが、一揆軍が立て籠《こ》もったのは、なんと酒蔵！　藤堂家の鎮圧軍に包囲され、一族ともども討《う》ち死にしたといいます（実際は古城に籠城して大規模な戦闘となったという説も）。

一方、加藤嘉明の領地へは実力行使！　軍勢を送り込んでいます。

この軍勢には、伊予にルーツを持つ家臣（曽根《そね》城〈愛媛県内子町〉の城主だった曽根景房《かげふさ》）や、広島に残っていた毛利軍、阿波の占領で活躍をした村上元吉《むらかみもとよし》などがいました。村上元吉は能島《のしま》城（愛媛県今治市）を拠点にした、いわゆる〝村上水軍《すいぐん》（海賊）〟を率いた能島村上家の当主です。ちなみにその父は、毛利元就が金星を挙げた「厳島《いつくしま》の合戦」などで活躍した村上武吉《たけよし》です。

毛利軍は、加藤嘉明の松前城を攻め落とすために三津浜《みつはま》（愛媛県松山市）に上陸、野営をしていました。すると、松前城からは早くも「降伏する」という報《しら》せが届き、謝罪の意味を込めて宴会セット（酒と肴《さかな》）が百姓を通して送られてきました。

しかし、それは加藤軍の策略でした。降伏の報せに気を良くした毛利軍は酒宴を開催しますが、そこへ松前城の軍勢が奇襲を掛けたのです。攻撃を受けた毛利軍は大混乱！　曽根景房や村上元吉など有力な武将たちが討ち死にするほどの大惨敗を喫してしまったといいます。これが「三津浜の戦い」と呼ばれるものですが、なんだか、一五四六年（天文十五）の「河越《かわごえ》城の戦い」（河越夜戦）みたい！

この後、毛利軍はすぐさま領国に撤退することはせず、内陸に進軍して行きますが、関ヶ原本戦での西軍の敗退を聞いて撤退しています。

また、九州の戦いでも毛利輝元さんは暗躍しています。二〇一四年（平成二十六）のＮＨＫ大河ドラマ『軍師官兵衛《かんべえ》』の最終回前（第四十九回）「如水《じょすい》最後の勝負」で描かれた「石垣原《いしがきばる》の戦い」は、東軍の黒田《くろだ》官兵衛（如水）と西軍の大友吉統《おおともよしむね》によるものですが、その黒幕が輝元さんです。

大友吉統という人物は、かつて九州の六ヶ国を支配下に収めたキリシタン大名・大友宗麟《そうりん》（義鎮《よししげ》）を父に持ちます。しかし、父は薩摩《さつま》（鹿児島県）の島津《しまづ》家に押され滅亡寸前となり、四国を平定した秀吉に援軍を求めます。秀吉は大軍を九州に派遣《はけん》、一五八七年（天正十五）の「九州征伐」です。その結果、島津家は秀吉に降伏。大友家はなんとか存続して、秀吉の下で大名となります。

ところが、大友宗麟の跡を継いで当主となった大友吉統は、朝鮮出兵で卑怯《ひきょう》な振る舞いがあったということで改易《かいえき》となり、毛利家などに預けられた後、大坂で静かに暮らすことになりました。つまりは、没落貴族というわけです。ちなみに、大友家と毛利家の関係は超絶サイアクです。毛利元就は大友家の領地を攻め取ろうと九州に出陣していますし、大友宗麟も毛利家の家臣に謀反《むほん》を促《うなが》すなど、とにかくバチバチの関係でした。

しかし毛利輝元さんは、犬猿の仲である大友吉統を西軍に誘ったのです。「御家《おいえ》再興！」を考えていた大友吉統は、この誘いに乗り、輝元さんの支援を受けて大坂を出発。瀬戸内海を通って、九月八日に旧領地である豊後《ぶんご》（大分県）に上陸しました。

豊後のプリンスともいえる大友吉統が西軍として凱旋《がいせん》したこともあり、すでに他の大名家に仕えていた、かつての大友家の家臣たちが出奔《しゅっぽん》して集結。毛利輝元さんを後ろ盾《だて》とした大友軍が結成されました。

大友軍は、九月十日に東軍に味方した細川忠興《ほそかわただおき》の木付《きつき》城（大分県杵築《きつき》市。のちに杵築城）を攻めますが、留守を守っていた細川家の松井康之《まついやすゆき》に撃退されます。そして、この大友吉統の上陸と木付城の攻防戦を聞いて救援に駆けつける動きを見せたのが黒田官兵衛です。

九月十三日、大友軍と黒田軍は激突。これが「石垣原の戦い」（94P参照）です。

（94P参照）

黒田軍には、木付城の細川軍も援軍に加わったこともあり、大友軍は大敗。吉弘統幸《よしひろむねゆき》など駆けつけた有力な旧臣たちを多く失い、大友軍は壊滅《かいめつ》しました。その後、降伏した大友吉統は助命されたものの、流罪となり常陸《ひたち》の宍戸《ししど》（茨城県笠間市）で亡くなっています。ちなみに、大友吉統の長男（大友義乗《よしのり》）は家康の配下となって、会津征伐に徳川軍として加わっていました。父が西軍として挙兵したものの、戦後には加増され、江戸幕府の旗本《はたもと》となっています。

さて、こうして毛利輝元さんの四国と九州での謀略は失敗に終わったのですが、そういえば、大坂城にいるご本人は、どうなったのでしょうか？

○「私は何も知りません」で決戦前に降伏！

大坂城で西軍の総大将として指揮をとっていた毛利輝元さんなんですが、なんと関ヶ原本戦の前日に家康に降伏しているのです！　なんてこった!!

その仲介をしたのは、重臣の吉川広家。詳しい降伏条件などは214Pからの「吉川広家・安国寺恵瓊」の項をご参照いただければと思うんですが、降伏するにあたって吉川広家が推した点は「すべて安国寺恵瓊一人の策略によるもので、毛利輝元は何も知らなかったんです！」ということでした。

十七日には「お咎《とが》めなし」ということになったので、「東軍と一戦交《まじ》えよう！」という武将たちの意見を却下して、二十五日に大坂城を退去。帰国の途に着きました。

ところが、すぐに毛利家の処分は一転して「改易」となります。

そりゃそうです、毛利輝元さんが率先して四国と九州を攻め取ろうと暗躍していた証拠が次々に発見されますので（笑）。

その後、再び吉川広家が徳川家との交渉にあたり、なんとか改易は免《まぬが》れましたが、山陽・山陰八ヶ国百十二万石《ごく》から周防《すおう》・長門《ながと》（山口県）三十万石に大減封《げんぽう》となってしまいました。

『福原家文書』によると輝元さんは、この一件を受けて「近頃はすべてが逆さまで、主君が家臣に助けられるという無様《ぶざま》なことになっている」とさすがに反省をしたそうです。

この一件以外にも、毛利輝元さんの欲望や野心を物語るエピソードはあります。

たとえば、美人だった家臣の妻を拉致《らち》、強引に側室にした上、その件を秀吉に訴えようとした夫を暗殺したこともありました。

また「佐野道可《さのどうか》事件」もそうです。毛利輝元さんは「大坂の陣」において、豊臣家が勝利した時のために家臣の内藤元盛《ないとうもともり》（毛利元就の曽孫《そうそん》）を佐野道可と改名させて、兵を与えて大坂城に送り込みました。佐野道可は徳川軍に捕縛《ほばく》されたものの「毛利輝元は無関係」と言って自害するのですが、毛利輝元さんは「毛利家で取り立てる」と約束していた佐野道可の息子二人も、口止めとして切腹させています（詳しい顛末《てんまつ》は拙著『ポンコツ武将列伝』をご参照くださいませ！）。

以上、迅速《じんそく》な動きで西軍の総大将となり暗躍したものの、保身のために家康に降伏した毛利輝元さんのドタバタ黒幕＆改易劇でした。

大谷吉継

おおたに・よしつぐ
一五六五（永禄八）～一六〇〇（慶長五）

実はもともと家康派！
親友・石田三成との熱い友情はウソ!?

DOTABATAパラメーター

統率力	☆☆☆☆
ドラマチックさ	☆☆☆☆☆
三成との友情	測定不能
ドタバタ度	☆☆☆

○三成の説得に応えて〝負け戦〟にあえて立つ！

関ヶ原のエピソードで欠かせないものといえば、やはり石田《いしだ》三成《みつなり》と大谷吉継の友情でしょう！私は、石田三成が個人的に大好きですので、歴史ドラマなどによく登場する大谷吉継とのシーンはたまりません！

特によく描かれるのが、盟友同士の決起のシーンです。徳川家康《とくがわいえやす》の「会津征伐《あいづせいばつ》」に従軍するため、居城の敦賀《つるが》城（福井県敦賀市）から出陣した吉継さんは、その道中で石田三成に呼び出され、佐和山《さわやま》城（滋賀県彦根市）に立ち寄ります。

そこで石田三成から、「天下は内府《だいふ》（家康）の物になる。多くの事が太閤《たいこう》（豊臣秀吉《とよとみひでよし》）の政治に背《そむ》くことになるだけでなく、豊臣秀頼《ひでより》公をないがしろにするだろう」と告げられ、ともに家康と戦おうと説得されます。

しかし、三成のことをよく知る吉継さんは、次のように諫《いさ》めたといいます。

「あなたは〝へいくわい者〟（横柄な者）で多くの人々に憎まれている。すでに切腹に追い込まれた時（石田三成襲撃事件のこと）に、私が家康と交渉をしてなんとか取りつくろったから無事であるのだ。今また事を起こせば、去年あなたを襲った連中は全員敵となってしまうだろう。しかも、家康は三百万石《ごく》に及ぶ大名で家来も多い。豊臣政権を受け継いでいるのは家康である。さらに、人から慕《した》われている。しかし、あなたは小さな身代《しんだい》（領地の少ない）であるし、人からも良く思われていない。病気である自分が身を押して、会津まで下ろうとしているのは、ひとえに家康と上杉景勝《うえすぎかげかつ》の間を取り持って、戦いを収めようと思っているからだ」

以上のように、理路整然と親友に「挙兵は無謀である。勝機はない」ことを主張しました。ところが、石田三成は、「この度の挙兵は自分のためでなく、秀頼公のため」「直江兼続《なおえかねつぐ》との約束があり、動き始めている」「今、兵を挙げなければ、上杉景勝だけを悪人にしてしまう」などと説得を重ねます。

また、大谷吉継さんと石田三成の間には、ある〝絆《きずな》〟がありました。かつて、大坂城で開かれた茶会での出来事です。病気を患《わずら》っていた吉継さんの体液（膿《うみ》か鼻水）が落ちた茶碗《ちゃわん》に、他の者たちが飲むふりだけで口をつけようとしない中、三成だけはためらうことなく飲み干して「もう一杯」と頼んだのです。

この一件も後押しとなり、ついに大谷吉継さんは親友と心中《しんじゅう》する事を決意するのです。

その後、西軍の首脳陣となった吉継さんは伏見《ふしみ》城の戦いに参戦後、北陸戦線に参加しました。

直接的な戦闘はなかったものの、小松城（石川県小松市）の丹羽長重《にわながしげ》（織田信長《おだのぶなが》の重臣・丹羽長《なが》秀《ひで》の子）や大聖寺《だいしょうじ》城（石川県加賀市）の山口宗永《やまぐちむねなが》などを調略して味方に付けることに成功します。

しかし、北陸では金沢城（石川県金沢市）の前田利長《まえだとしなが》が東軍に付いて西軍の城を攻撃していました。前田利長は、家康と並ぶ豊臣政権の有力者だった五大老《たいろう》・前田利家《としいえ》の子です。父の死後、五大老の座を継ぎますがその後、プロローグでも書いた通り、家康暗殺計画の主謀者との疑いをかけられて「加賀征伐」を受けることになると家康に降伏、関ヶ原に際しては東軍参加を早々に表明していました。

前田利長は大聖寺城を落とすと、続いて小松城を包囲。西軍が劣勢となっている中、敦賀に戻った大谷吉継さんは、前田軍に「大谷吉継の軍勢が船で北上して金沢城を奇襲する」などのデマを流して疑心暗鬼にさせます。

その噂《うわさ》を信じた前田利長は、小松城攻めを中断し、金沢城に撤退することになりました。撤退する前田軍。小松城の丹羽長重は前田軍の撤退を悟《さと》って出陣、待ち伏せして八月八日に激しく攻撃を仕掛けました。前田利長は丹羽軍を振り切ってなんとか落ち延びるものの、大きな被害を出してしまいます。大谷吉継さんの軍略をきっかけに西軍が有利に進めた〝北陸の関ヶ原〟を「浅井畷《あさいなわて》の戦い」（石川県小松市）といいます。

○あまりにドラマチック、その生涯の虚実

その後、石田三成の要請を受けた大谷吉継さんは、自身の軍勢に加えて、脇坂安治《わきざかやすはる》・朽木元綱《くつきもとつな》・赤座直保《あかざなおやす》などの軍勢を率いて美濃《みの》（岐阜県）を目指しました。そして、九月三日に決戦の地の関ヶ原に着陣しました。

松尾山《まつおやま》に入った小早川秀秋《こばやかわひであき》を監視するように、山麓《さんろく》の北側に陣を張ったという大谷吉継さん。九月十五日の関ヶ原本戦では、東正面の藤堂高虎《とうどうたかとら》や京極高知《きょうごくたかとも》（大津《おおつ》城に籠城《ろうじょう》した京極高次《たかつぐ》の弟）と激戦を繰り広げて善戦。しかし、小早川秀秋が寝返って吉継さんを攻撃すると、何度か押し返したものの、兵力に圧倒されついに壊滅《かいめつ》。

この時、皮肉にも自らが率いてきた傘下《さんか》の大名たち（脇坂安治・朽木元綱・赤座直保）も同じく東軍へと寝返っています。そして、大谷吉継さんは自害をして果てました。介錯《かいしゃく》をしたのは湯浅五助《ゆあさごすけ》という家臣でした。主君から「病で崩れた醜《みにく》い顔を敵に晒《さら》すな」と遺言されていたため、首を戦場から持ち出して密《ひそ》かに埋めました。

しかし運悪く、藤堂軍の藤堂高刑《たかのり》（高虎の甥《おい》）にそれを発見されてしまいます。湯浅五助が、「私の首を差し出すので、主君の首をここに埋めた事を秘して欲しい」と頼むと、藤堂高刑はそれを聞き入れ、湯浅五助の首を取って持ち帰りました。

この噂を知った家康は、戦後に藤堂高刑を呼び出して吉継さんの首のありかを聞き出そうとしますが、高刑は湯浅五助との約束を守るために口外せず、むしろ自分を罰するように求めました。その態度を気に入った家康は、自分の刀と槍《やり》を藤堂高刑に与えたといいます。

現在、大谷吉継さんの陣地と伝わる藤川台《ふじかわだい》には、大谷吉継さんのお墓がありますが、これは関ヶ原の後に激戦を繰り広げた敵の吉継さんを偲《しの》んで、藤堂家が建てたものです。隣には湯浅五助の墓がありますが、こちらは大正時代に湯浅五助の末裔《まつえい》の方が建立《こんりゅう》したものです。

また、大谷吉継さんの首は甥の祐玄《ゆうげん》という僧侶が持ち出して、米原《まいばら》（滋賀県米原市）に埋めたともされ、首塚として伝わっています。私も現地を訪れたことがありますが、田んぼの中にひっそりと祠《ほこら》が佇《たたず》んでいます。

このように、大谷吉継さんの関ヶ原は、実にドラマチックで涙を誘います。好きです。

しかし、ちょっとドラマチック過ぎやしませんでしょうか⁉ 義と友情に生きたと描かれる吉継さんですが、血を血で洗う乱世を生き、豊臣政権の有力者までのし上がった戦国武将の一人です。実情は少し違う部分もありそうなんです。

○吉継の茶を飲んだのは秀吉？――崩れる神話

大谷吉継さんと石田三成が行動をともにしている時期が長かったのは事実のようです。

秀吉による一五九〇年（天正十八）の「小田原征伐」では兵站《へいたん》奉行を、一五九二年（文禄元年）から始まった「文禄《ぶんろく》の役《えき》」では船奉行や軍目付《いくさめつけ》（軍監《ぐんかん》）をともに務め、「太閤検地《たいこうけんち》」でも一緒に奉行として活動しています。ちなみに、一五九三年（文禄二）から四年間ほど、吉継さんは眼病を患っていたらしく、政治活動はほとんど見られません。

石田三成が一五六〇年（永禄三）生まれなので、一五六五年（永禄八）生まれの吉継さん（一五五九年生まれの説も）とは、ほとんど同世代だったみたいです。また、経歴もそっくりで、二人とも秀吉の小姓《こしょう》から重臣となり、豊臣政権で直属の奉行として政務を任されています。

そこに友情があったのか……それはわかりません！

打倒家康の兵をともに挙げたからといって〝共闘＝友情〟かというとそういうわけではありま

せん。戦国武将ですから、お互いの利害が一致した時に武力行使に出るものです。

まず、大谷吉継さんは秀吉の死後に、特別に石田三成を支持していた形跡はないんです。むしろ、どちらかというと家康グループに属していました。

一六〇〇年（慶長五）の閏《うるう》三月三日に前田利家が病死した直後に起きた石田三成襲撃事件後のこと。石田三成の後ろ盾《だて》となっていた毛利輝元が、家康に対して挙兵するような動きを見せると、それを率先して制しているほどです。閏三月九日に吉継さんが家康の側近に送ったと思われる書状には、「何事も事態が収まり、天下静謐《せいひつ》になって良かった」と記されています。

さらに、先述したように大谷吉継さんは会津征伐では家康の軍勢に加わる予定で、石田三成の子（石田重家《しげいえ》）を連れて会津へ向かおうとしていました。

つまり、大谷吉継さんのテーマはあくまで〝豊臣政権の安定〟であって、秀吉亡き後のリーダーにふさわしい人物として家康を支持しているんです。「いや、きっとまだ時期尚早と考えていて、打倒家康の機会をうかがっていたんだよ」とドラマチックな展開を提示されると、なんとも言えませんが（笑）。

「友情を物語る茶会での有名な逸話があるじゃないか！」という声も聞こえてきそうです。

実はあの逸話、ソースが不明なんです！　衝撃!!

しかも、江戸時代の史料にさえ登場せず、誕生したのはどうやら明治時代の後半のようです。一九一一年（明治四十四）の『英雄論』（著者はジャーナリストの福本日南《ふくもとにちなん》）が初出ともいわれています。ところが、そこで大谷吉継さんの茶碗で飲み干す男は、なんと秀吉。これまた衝撃!!

大谷吉継さんが体液を落としてしまったお茶を慌《あわ》てて飲み干すと、それに気づいた秀吉が、同じ茶碗を使って飲み干すというものなんです。

それがいつからか〝秀吉→石田三成〟にチェンジ！　吉継さんが佐和山城で石田三成に説得されて挙兵する逸話は、江戸時代から『落穂集《おちぼしゅう》』や『慶長見聞集』など様々な史料に登場するので、その有名なエピソードがあったための、飲み手のチェンジだったのかもしれません。

では、なぜ大谷吉継さんは挙兵したのか……本人に聞いてみなければわからないことではあるんですが、個人的には〝豊臣政権の安定〟に尽きるのではないかと思います。

家康は石田三成を追放した後、プロローグでも触れた通りに、政権の有力者を次々と失脚に追い込み、諸大名と姻戚《いんせき》関係を結んで私党を作り、独裁体制を築こうとしていました。

これでは豊臣秀頼は軽視されて、いずれは家康から政権から追放、もしくは軍事衝突によって殺されてしまう可能性もあったわけです。また、秀吉の死後は家康を支えていた大谷吉継さんですが、もともとは秀吉に取り立てられた豊臣色の強い武将だったので、前田利長や浅野《あさの》長政《ながまさ》のように自身も失脚させられる危険性も大いにあったわけです。

「家康を政権から追放するクーデターを起こすのは今しかない！」

そう悟った大谷吉継さんは、利害が一致する者たちとともに兵を挙げたのかもしれません。

政治臭が強くなってしまって、やや興醒《きょうざ》めの方もいらっしゃるかもしれませんが、改めてお伝えしておきます。私は、石田三成との友情を描いた大谷吉継さんのドラマチックな関ヶ原が好きです（笑）。

小早川秀秋

「私ははじめから東軍です！」
作られた〝裏切り者〟の正体

こばやかわ・ひであき
一五八二（天正十）〜一六〇二（慶長七）

DOTABATA パラメーター	
統率力	☆☆☆☆☆
決断力	☆☆☆☆
創作ターゲット度	☆☆☆☆☆
ドタバタ度	☆☆☆☆☆

○「死人に口なし」――でっち上げられた秀秋像

「小早川秀秋と聞いて何をイメージしますか？」と聞いたら「裏切り者！」と答える方が多いんではないでしょうか。よくイメージされる小早川秀秋さんの関ヶ原の流れは――

当初は西軍として関ヶ原を見下ろす松尾山《まつおやま》に布陣。

しかし、当日になっても、東西どちらに付くかを決めかねていたため、正午頃に徳川家康《とくがわいえやす》は松尾山に出陣を促《うなが》す威嚇《いかく》射撃（通称「問い鉄砲」）を行う。

その脅《おど》しに屈した小早川秀秋は、ついに東軍へ寝返ることを決意。軍勢は松尾山を駆け下り、山麓《さんろく》の大谷吉継《おおたによしつぐ》の軍勢を強襲。それとともに、四人の大名たち（脇坂安治《わきざかやすはる》・朽木元綱《くつきもとつな》・赤座直保《あかざなおやす》・小川祐忠《おがわすけただ》）も東軍へと寝返ったこともあり西軍は壊滅《かいめつ》。関ヶ原は東軍の勝利となった。

というような感じかと思います。しかし、この展開は、どうやら江戸時代の中頃から広まっていったフィクション要素を多く含むもののようなんです。

事実と違うんだったら、小早川秀秋さんにとって不名誉すぎることなので、末裔《まつえい》や縁者が訂正していけばよかったんですが、小早川秀秋さんの場合はそうはいきませんでした。秀秋さんは関ヶ原から二年後にわずか二十一歳で病死（死因はアルコール依存症とも）してしまい、後継者もいなかったため小早川家は改易《かいえき》となっているのです。

つまり、言い方があまりよくありませんが、いわゆる〝死人に口なし〟というやつかもしれません。小早川秀秋さんは、江戸時代に神様になった徳川家康のハイライトシーンである関ヶ原の名場面を演出するための駒として使われてしまったという可能性があるんです。

では、小早川秀秋さんのリアル関ヶ原はどういったものだったのでしょうか⁉

と、その前に小早川秀秋さんの簡単な経歴をご紹介しておきます。

小早川秀秋さんが生まれたのは「本能寺《ほんのうじ》の変」が起きた一五八二年（天正十）。父の木下家定《きのしたいえさだ》が北政所《きたのまんどころ》（ねね＝秀吉の正室）の兄なので、豊臣秀吉《とよとみひでよし》の義理の甥《おい》にあたる人物です。

幼くして秀吉の養子となり、貴重な秀吉一門として大名に名を連ねました。一五九三年（文禄二）に豊臣秀頼《ひでより》（秀吉の実子）が誕生すると、小早川隆景《こばやかわたかかげ》（毛利元就《もうりもとなり》の三男。毛利輝元《てるもと》の叔父《おじ》）の養子となります。はじめは小早川「秀俊《ひでとし》」と名乗り、一五九七年（慶長二）に養父が亡くなった後に「秀秋」と改名しています。

名島《なじま》城（福岡県福岡市）を居城に筑前《ちくぜん》・筑後《ちくご》（福岡県）、肥前《ひぜん》（佐賀県）に三十万七千石《ごく》を領していましたが、二度目の朝鮮出兵（「慶長《けいちょう》の役《えき》」）で、「総大将なのに敵陣に乗り込むな」と秀吉からお咎《とが》めを受けて、帰国後に越前《えちぜん》の北ノ庄城（福井県福井市）に飛ばされ十五万石に減封《げんぽう》されました。

秀吉の死後に筑前・筑後に復帰することを許され、領地は五十九万石にアップしています。

そして、一六〇〇年（慶長五）となり、運命の関ヶ原を迎えたのです。


七月十七日の「内府違《だいふちが》いの条々」で挙兵をした西軍。

当時の書状などに記されている挙兵時の主要メンバーは「毛利輝元・三奉行《ぶぎょう》（増田長盛《ましたながもり》、長束正家《なつかまさいえ》、前田玄以《まえだげんい》）・石田三成《いしだみつなり》・大谷吉継・島津義弘《しまづよしひろ》」なので、小早川秀秋さんが挙兵計画に深く関与していたかどうかはわかりません。

ただ、七月十九日から始まった「伏見《ふしみ》城の戦い」には西軍の主力として大軍を率いて参戦し、宇喜多秀家《うきたひでいえ》や島津義弘、長束正家などとともに八月一日に攻め落としています。

もっとも、これは小早川秀秋さんにとっては想定外だったともいわれています。

江戸時代中頃の寛政年間（一七八九～一八〇二）にまとめられた『寛政重修諸家譜《かんせいちょうしゅうしょかふ》』などによると、秀秋さんは徳川家康の家臣たちとともに伏見城に籠城《ろうじょう》して、西軍と戦おうとしたのですが、城将の鳥居元忠《とりいもとただ》に怪しまれて入城を〝拒否られ〟、仕方なく西軍として参戦したといいます。

ただこのエピソード、実は別の西軍武将と内容が丸々かぶっているんです（笑）。その武将とは島津義弘。詳しくは222Pからをご参照いただきたいのですが、小早川秀秋さんも島津義弘も当時の記録には、伏見城に入ろうとしたという話は登場しません。

なぜ、こんな逸話が江戸時代の半ばに誕生したのか。個人的な推測ですが、秀秋さんの伏見城の入城NGに関しては、鳥居元忠をはじめとする徳川家の家臣団の勇猛さや忠義心をPRする目的があったんではないかなと思います。

また、『寛政重修諸家譜』の「稲葉正成《いなばまさなり》」（小早川秀秋の重臣。春日局《かすがのつぼね》の夫。真岡《もおか》藩初代藩主）の項には、秀秋さんが伏見城の戦いの前に姫路城（兵庫県姫路市）に入城しようとして、こちらでも拒否された逸話が載っています。当時の姫路城城主は、兄の木下延俊《のぶとし》（家康に味方して日出《ひじ》藩初代藩主に）でしたが、弟の動向を怪しんだのか、入城を拒絶して断交しています。

これらも、兄の木下延俊の家康への忠義や、小早川家の外交官である稲葉正成の活躍をアピールする目的の記述だとは思うんですが、いつも引き立て役にされてしまう小早川秀秋さん、なんだかかわいそう（笑）。

ついでに、もう一つ。小早川秀秋さんの〝拒否られ〟話があります。

江戸時代はじめにまとめられたという『慶長年中卜斎記《けいちょうねんちゅうぼくさいき》』によると、小早川秀秋さんは九月一日に江戸城を出陣した徳川家康に使者を派遣《はけん》。九月三日に小田原で家康の軍勢に遭遇して面会を求めたのですが、徳川家康から、「倅《せがれ》（若い奴）の申す事は、実儀（道理や誠意）がないので取り合うことは無用」と面会拒否されているんです。やっぱりかわいそう……（笑）。

その後、九月七日に白須賀《しらすか》（静岡県湖西市）で面会に再チャレンジすると、この時の家康はご機嫌だったのか、それとも誠意が通じたのか面会を許可。使者は家康に挨拶《あいさつ》することに成功しています。良かった、良かった。

あれ、ということはですよ、小早川秀秋さんは関ヶ原以前から徳川家康に使者を派遣して、やりとりをしていたことになるわけです。

先ほどの稲葉正成の記述には、「稲葉正成が小早川秀秋の使者となり、会津征伐の時に上方《かみがた》で逆心の者が現れれば、小早川秀秋は忠節を尽くして戦うと言上《ごんじょう》した」とあったりします。これもまた、稲葉正成の活躍のアピールがベースにあるので事実かどうかはわかりませんが、小早川秀秋さんが家康と通じようとする動きはあったのかもしれません。

では、小早川秀秋さんの松尾山に入り合戦を迎えた、前日から当日はどんな動きだったんでしょうか？

○「関ヶ原」は〝秀秋をめぐる戦い〟だった？

伏見城の戦いから関ヶ原までの小早川秀秋さんの動向なんですが、これが実はよくわからないのです。

よく語られるのは、関ヶ原の前日・九月十四日に松尾山に陣を構えたということです。この標高約二百九十三メートルの松尾山は、実は南北朝時代から戦国時代にかけての城跡（松尾山城）でした。登ったことがある方はご存知でしょうが、戦場となった関ヶ原を一望できる最高の立地にあります。

それ以前はどこにいたのか？　その存在がわかる記述が、保科正光《ほしなまさみつ》（徳川家の重臣。正室は真田昌幸《さなだまさゆき》の娘。養子に会津藩初代藩主の保科正之《まさゆき》＝徳川秀忠《ひでただ》の実子）が八月二十九日付で家臣に宛てた書状にあります。そこには「大垣城《おおがき》に石田三成、宇喜多秀家、小早川秀秋、島津義弘、小西行長《こにしゆきなが》、その他、豊臣秀頼様の馬廻衆《うままわりしゅう》の精鋭数人が立て籠《こ》もっている」と書かれているのです。当時、最前線にいた保科正光が情勢を細かく分析している書状なので、信憑性《しんぴょう》は高いと思われます。ということは、八月後半の段階では小早川秀秋さんは西軍の主力として石田三成や大谷吉継らと行動をともにしていた一方で、徳川家康へも使者を派遣して東西どちらに付こうか逡巡《しゅんじゅん》していたということになります。

九月十四日になって秀秋さんは大垣城を出て、関ヶ原の松尾山に向かったといいます。どういった口実で大垣城を出ることができたのかはわかりませんが、個人的には、この段階で小早川秀秋さんには東軍に寝返る算段が見えたのではないかと思っています。

これまで並べてきた史料を信用するとすれば、九月七日に使者が徳川家康と面会して、おそらく東軍への内応やその褒賞《ほうしょう》の交渉を行ったはずです。その使者の報《しら》せが大垣城にいる秀秋さんのもとへ届き、東軍に寝返ることを決意。何かしらの理由を付けて大垣城を出て、山城跡《やまじろ》である松尾山に籠《こも》り、西軍へ叛旗《はんき》を翻《ひるがえ》したのではないでしょうか。

また当時、松尾山には西軍の伊藤盛正《いとうもりまさ》（大垣城城主）が入っていましたが、小早川秀秋さんがわざわざ追い出したともいわれています。

ちなみに、『慶長年中卜斎記』には「宇喜多秀家、小西行長、石田三成などが、小早川秀秋の謀反《むほん》の風聞《ふうぶん》（噂《うわさ》）があるので仕置《しおき》（対処）しなければならないとして、大垣城を出た」と書かれていますし、関ヶ原の二日後、九月十七日の吉川広家《きっかわひろいえ》（毛利家の重臣）の書状にも、こんなことが書かれています。

「小早川秀秋の逆意が早くも明らかになったので、大垣衆（大垣城の武将たち）は山中《やまなか》（関ヶ原にある地名）の大谷吉継が心もとなくなり、大垣城を引き取って移動した」

つまり、松尾山の小早川秀秋さんが東軍に寝返ったと聞いた大垣城の石田三成らは、山中に陣を張っていたという大谷吉継を救援するために大垣城を出たというわけです。

ちなみに、大垣城は東軍に明け渡されたのではなく、西軍の武将が残って引き続き籠城戦を繰り広げています。

通説では、大谷吉継は九月二日から山中という場所に陣を張っていたといわれるんですが、そのタイミングで大垣城からすでに出ていて野営をする目的がよくわかりません。

十月七日に池田輝政《いけだてるまさ》（戦後に姫路城主となる。63P参照）が本多正純《ほんだまさずみ》（家康の側近）に宛てた書状には「九月十四日の夜に大谷吉継が陣を張ったところ、十五日の未明に内府（家康）が一戦を命じた」とあるので、ひょっとすると大谷吉継が関ヶ原に布陣したのも、小早川秀秋さんと少し後の同日だったかもしれません。

と、するとですよ、関ヶ原とは〝小早川秀秋をめぐっての戦い〟だったのかもしれません！

個人的な見解をまとめます。

九月七日　使者を派遣して徳川家康と交渉（家康の返答を受けて東軍への寝返りを決意）

九月十四日〈日中？〉
大垣城を出て松尾山に入り、東軍に味方することを表明！

〈夜＝日没頃？〉
小早川秀秋さんの寝返りを知った西軍は、大谷吉継の軍勢を大垣城から派遣

〈午後八時頃〉
しかし、大谷吉継の軍勢だけでは不安なので石田三成らも援軍として出陣

九月十五日〈未明〉
赤坂に陣を張る東軍が、その報せを受けて追撃……
西軍は小早川秀秋さんを攻めるために松尾山の麓《ふもと》に布陣
夜が明ける前に東軍も関ヶ原へ布陣

〈午前八時頃〉
小雨による深い霧が晴れていく……（午前十時頃という説もあり）
東軍が西軍に攻撃開始！「関ヶ原の合戦」が勃発《ぼっぱつ》！

――というような流れではないでしょうか。この「籠城→攻撃→援軍→激突」の構図って〝合戦あるある〟な気がするんですよね。

たとえば、一五六一年（永禄四）の「川中島《かわなかじま》の戦い」。一次史料がほとんどないのですが、合戦が起きたきっかけは北信濃《きたしなの》（長野県北部）の領地争いで、越後《えちご》（新潟県）の上杉謙信《うえすぎけんしん》が南下して、武田信玄《たけだしんげん》の支城である海津《かいづ》城（後の松代《まつしろ》城。長野県長野市）の付近まで進軍。この救援のために、武田信玄は躑躅《つつじ》ヶ崎館《さきやかた》（山梨県甲府市）から出陣し、両者は海津城の近くの川中島で激突したわけです。

また、一五七五年（天正三）の「長篠《ながしの》の戦い」もそうです。徳川家康の支配下だった長篠城（愛知県新城市）が武田勝頼《かつより》（信玄の子）によって包囲されると、その援軍として徳川家康と同盟相手の織田信長の軍勢が駆け付け、両者は長篠城の近くの設楽《したら》ヶ原《はら》で激突しています。

この〝戦国合戦あるある〟に照らし合わせると、天下分け目の「関ヶ原の戦い」も〈小早川秀秋さんが松尾山城に籠城→西軍が攻撃→東軍が援軍→激突〉の構図なような気がしてなりません。

○存在が確認できない「問い鉄砲」

「小早川秀秋は前日に東軍に寝返っていた！」となると、当日に小早川秀秋さんが東西のどちらに付こうか悩んでいたというのもオカシイことになります。さらに、正午頃に徳川家康からの脅しの問い鉄砲で寝返りを決意したというのも、これまたオカシイわけです。

実はこの「悩んでからの問い鉄砲で寝返り」も、当時の史料からは確認できません。この話、関ヶ原から七十年以上経った江戸時代中頃あたりから登場し始め、一八四九年（嘉永二）に完成した徳川家のオフィシャル史料である『徳川実紀』に掲載されてしまったことで正当化され、通説となっていったようです。ちなみに、問い鉄砲の話が登場したての頃は、鉄砲を放ったのは徳川家康ではなく藤堂高虎《とうどうたかとら》ということになっています。しかも、射撃したものの、小早川秀秋さんからは特に反応はなく、静かに戦場を見下ろしていたそうです。なんだそりゃ（笑）。

そして、正午頃から戦ったという話ですが、当時を知る人たちが残した史料には別の事実が書かれています。

まず、徳川家康の重臣である石川康通《いしかわやすみち》（後に大垣藩初代藩主）と彦坂元正《ひこさかもとまさ》（徳川家を代表する代官）の二人が、松平家乗《いえのり》（後の岩村藩初代藩主。石川康通の娘婿《むこ》）に宛てた九月十七日の書状には、こう書かれています。

「戦いが始まった時、小早川秀秋、脇坂安治、小川祐忠・祐滋《すけしげ》親子の四人が味方して、裏切りをした。そのため、敵は敗軍となった」

さらに『十六・七世紀イエズス会日本報告集』にある当時の宣教師の記録には、こうあります。

「徳川家康は敵と戦闘を開始したが、始まったと思う間もなく、これまで奉行たち（石田三成など）の味方と考えられていた何人かが内府様（家康）の軍勢の方へ移っていった。彼らの中には、太閤《たいこう》様（秀吉）の奥方（北政所）の甥であり、太閤様から筑前《ちくぜん》国をもらっていた中納言《ちゅうなごん》（小早川秀秋）がいた。〈中略〉こうして、短時間のうちに奉行たちの軍勢は打倒され、内府様は勝利を収めた」

つまり、「小早川秀秋さんの裏切りは開戦してすぐ」「関ヶ原は〝秒〟で終わった」ということです。

それがいつからか、徳川家康のスゴさをアピールするために多くの演出が加えられていき、キーマンとなった上に早世した小早川秀秋さんは、絶好の創作対象となってしまったのかもしれません。

西軍から東軍に寝返った事実はあったとはいえ、わずか十九歳で日本史を動かした大合戦の勝敗を決する大決断をした青年・小早川秀秋さん。スゴいじゃありませんか！　私にはできない!!

増田長盛《ました・ながもり》

一五四五（天文十四）〜一六一五（元和元）

三成と並ぶ西軍の中心メンバー 〝家康に内通疑惑〟の真相とは？

DOTABATAパラメーター

統率力	☆☆
政治力	☆☆☆☆☆
ダブルスパイ度	☆☆☆☆☆
ドタバタ度	☆☆

○秀吉に見出されて政権の中枢へとホップステップ！

日本史の授業で習う豊臣秀吉《とよとみひでよし》政権の「五奉行《ぶぎょう》」。とりあえず暗記させられましたよね（笑）？石田三成《いしだみつなり》、浅野長政《あさのながまさ》、長束正家《なつかまさいえ》、前田玄以《まえだげんい》、そしてもう一人が増田長盛です。習った時に「いや〝ますだ〟じゃないんかい！」と思った方も多いことでしょう。

増田長盛さんの生誕地の候補は二つありまして、その一つが、地名を「ました」と読む尾張《おわり》の増田村（愛知県稲沢市増田町）です。もう一つが近江《おうみ》の益田郷（滋賀県長浜市）です。どちらにも屋敷跡が伝えられています。尾張も近江も、長盛さんが仕えた秀吉ゆかりの地です。尾張は秀吉の生誕地、近江は一五七三年（天正元）に秀吉が長浜城（滋賀県長浜市）を築き、初めて城主となった場所です。新たな家臣をドンドン雇っていく必要があった秀吉は、このタイミングで長盛さんを家臣に取り立てたようです。増田長盛、時に二十八歳でした。歴史の表舞台に遅咲きの登場です。

石田三成とは仕事内容が被《かぶ》る部分がありまして、秀吉が日本史上初めて統一の竿《さお》と升《ます》を使用して全国規模で行った「太閤検地《たいこうけんち》」の中心人物となり、近江や美濃《みの》（岐阜県）など主要な国の奉行を務め上げています。

また、京都の名所という意外な場所にも、増田長盛さんの名が刻まれています。それが鴨川《かもがわ》に架かる三条大橋《さんじょうおおはし》です。京都を代表するこの橋の創設時期は不明です。ただ、ハッキリとわかっていることは、一五九〇年（天正十八）に天下統一の総仕上げとして小田原城（神奈川県小田原市）の北条《ほうじょう》家討伐《とうばつ》を控えた秀吉が、京都を出て東国に向かう際に渡るこの重要な橋を、日本で初めての本格的な石柱橋へと大改修したことです。

この大工事の責任者となったのが、増田長盛さんでした。その証拠として、三条大橋の擬宝珠《ぎぼし》（スターバックス京都三条大橋店の前）には「増田右衛門尉《うえもんのじょう》 長盛造 之《これをつくる》」と刻まれています。

ちなみに、三条大橋には刀傷がある擬宝珠が二つあります。この傷は、一八六四年（元治元）の「池田屋《いけだや》事件」の時の新選組《しんせんぐみ》と浪士たちの戦闘の中で付けられたものと地元では伝えられています。三条大橋の西のすぐ近くに池田屋跡もありますんで、史跡巡りの際は併《あわ》せてどうぞ！

さて、検地だったり建設だったり、秀吉政権の実務を担当した官僚的なイメージの強い増田長盛さんですが、合戦でも活躍をしたことがあります。

それが一五八四年（天正十二）の「小牧長久手《こまきながくて》の戦い」です。

これは信長亡き後に、秀吉と織田信雄《おだのぶかつ》（信長《のぶなが》の次男）＆徳川家康《とくがわいえやす》が争った合戦です。長盛さんはこの戦いで先陣を務めて兜首《かぶとくび》を二つも取るという武功を挙げ、二万石《ごく》に加増されて大名となっています。

この戦いでは〝鬼武蔵《おにむさし》〟と称されて敵味方に恐れられた森長可《もりながよし》という武将が討《う》ち死にしています。この森長可の弟に「本能寺《ほんのうじ》の変」で信長とともに亡くなった森蘭丸《らんまる》がいますが、その妹が実は増田長盛さんの正室となっています。つまり、増田長盛さんは森蘭丸と義理の兄弟という関係性にあたります。武闘派の印象が強い森家と官僚系の長盛さんの意外な関係性です。

さてその後、一五九二年（文禄元）から秀吉が「文禄《ぶんろく》の役《えき》（第一次朝鮮出兵）」を始めると、秀吉の指示を現地に伝える使者として、石田三成や大谷吉継《おおたによしつぐ》などと朝鮮へ渡海。

一五九五年（文禄四）に豊臣秀保《ひでやす》（秀吉の甥《おい》）が亡くなると、大和郡山城《やまとこおりやま》（奈良県大和郡山市）を引き継ぎ、二十万石の大大名となったのです。

○アンチ家康の主軸メンバーとして宣戦布告！

秀吉の死後に始まった権力闘争では、政権を牛耳《ぎゅうじ》ろうとする家康と対立。毛利輝元《もうりてるもと》や自らを含む五奉行の四人（浅野長政以外。浅野長政は家康派と見られていた）とでアンチ家康の共同戦線を張りました。秀吉が亡くなった十日後には、この五人で秀吉の遺言を守ることを誓う起請文《きしょうもん》を交わしています。

しかし、家康と並んで五大老《たいろう》の筆頭的な存在だった前田利家《まえだとしいえ》が亡くなり、石田三成に不満を抱いていた加藤清正《かとうきよまさ》や福島正則《ふくしままさのり》らが三成を襲撃する大事件が起こります。

その結果、石田三成は政権を追放され、居城の佐和山《さわやま》城へ隠居《いんきょ》することとなりました。増田長盛さんも石田三成と関係が深かったことから、この事件に巻き込まれますが、家康の仲介により責任はすべて三成が負うことに決まり、長盛さんは不問となりました。

　この事件を通して、家康の求心力はさらに高まり、残された三人の奉行も家康派にならざるを得ず、毛利輝元も家康と誓詞《せいし》を交わし、事実上の屈服をしています。

　この後、家康は前田利家を継いだ五大老の前田利長《としなが》を屈服させると、続いて同じく五大老の上杉景勝《うえすぎかげかつ》を屈服させるために「会津征伐《せいばつ》」を決行、大軍を率いて会津へと向かいました。

「今だー!!!」

　かつてのアンチ家康派は再びタッグを組み、打倒家康の兵を挙げたのです。その主要メンバーに名を連ねたのが増田長盛さんでした。

　アンチ家康派は家康を糾弾《きゅうだん》するために、十三ヶ条にわたる「内府《だいふ》違いの条々」を全国の大名に送りつけました。その内容を要約すると、次のような感じ。

一、五大老・五奉行で誓紙を交わしたのに石田三成と浅野長政を追い詰めた。
一、前田利長が違背《いはい》のないことを誓ったのに人質を取って追い詰めた。
一、奉行らが反対したのに、無実の上杉景勝に謀反《むほん》の疑いをかけて討伐しようとした。
一、諸大名に知行《ちぎょう》を与える権限がないのに、勝手に与えている。
一、太閤様（秀吉）の定めた伏見《ふしみ》城の城番を追い出し、自らの軍勢を入れて守らせている。
一、五大老と五奉行以外の者との誓紙の取り交わしは禁じられているのに、諸大名と誓紙を取り交わしている。

一、北政所《きたのまんどころ》様（秀吉の正室）の御座所であるはずの大坂城の西の丸に居住している。
一、諸大名の妻子は人質として大坂に居住させることになっているのに、親しい大名の妻子を帰国させた。
一、諸大名との勝手な縁組をしないと誓ったのに、それをしている。
一、若い武将たちを扇動《せんどう》して、徒党を組ませている。
一、五大老の連署《れんしょ》で処理すべき政務を一人で専断している。
一、側室のお亀《かめ》の方《かた》にゆかりがある石清水八幡宮《いわしみずはちまんぐう》の検地を勝手に免除した。
右のように誓紙の内容に従わないばかりか、太閤様の遺命にも背《そむ》いている。秀頼《ひでより》様ただ一人を主君としなければならないのは自明の理である。


日付は七月十七日。連署しているのは、アンチ家康の五奉行残りのメンバーである長束正家と前田玄以、そして増田長盛さんでした。

さらに、この宣戦布告状に先んじて、総大将として毛利輝元を担《かつ》ぎ出して、十二日に書状を送って安芸《あき》（広島県）からの出陣を要請。毛利輝元はこれを受け入れ、十五日に広島城を出発、二日後には大坂に到着。十九日に大坂城へと入城して、家康が居住していた西の丸を占拠しました。

さらに、五大老の宇喜多秀家《うきたひでいえ》をはじめ、小早川秀秋《こばやかわひであき》、小西行長《こにしゆきなが》、長宗我部盛親《ちょうそかべもりちか》などを続々と西軍へと引き込んだのです。石田三成らとともに総勢九万五千以上といわれる大軍勢を結集させるとは、増田長盛さん、凄《すさ》まじい政治力です！

しかしながら！　関ヶ原をめぐる増田長盛さんの動向には、実は黒い噂《うわさ》もつきまとっているのです……。

○立ち位置フラフラ、謎に満ちたその真意

まず、この家康への弾劾状《だんがい》が出される十ヶ月前の一五九九年（慶長四）九月のこと。

家康は、豊臣秀頼へ重陽《ちょうよう》の節句の挨拶《あいさつ》のために、伏見城から大坂城へ入城。すると、それに乗じた家康暗殺計画があるとの一報が届き、大問題となったことはプロローグでも書きました。

事件の首謀者とされたのが五大老の前田利長、五奉行の浅野長政、大野治長《おおのはるなが》（秀頼の重臣。母が淀殿《よどどの》の乳母）と土方雄久《ひじかたかつひさ》（秀頼の重臣）でした。

この事件をきっかけに家康は大坂城の西の丸を占拠。首謀者とされた浅野長政は五奉行を解任されて蟄居《ちっきょ》、大野治長と土方雄久は流罪《るざい》となりました。そして、前田利長は討伐の対象となり、家康に屈服することとなりました。

結果的に豊臣家の力を削《そ》ぎ、家康が政治を専横《せんおう》することになったこの大事件。そのきっかけとなった暗殺計画の報《しら》せを家康に届けた人物というのが、実は増田長盛さんだったんです。

えーーーっと、なぜ！(笑)

実は、この一連の暗殺計画事件は、江戸時代初期にまとめられた『慶長年中卜斎記《けいちょうねんちゅうぼくさいき》』などに登場するもので、ハッキリしたことはわかっていない部分が多いものです。しかしもし、これがホントだとしたら、アンチ家康グループは実に歯痒《はがゆ》かったことでしょう。

また、この一件以外にも、増田長盛さんは立ち位置がバタバタしています。

先ほどご紹介した「内府違いの条々」。増田長盛さんなど三人の奉行の連署で出されたのが七月十七日でしたが、その五日前の七月十二日、毛利輝元に挙兵を依頼した日に増田長盛さんは別の人物に書状を送っています。

「垂井《たるい》（岐阜県垂井町）に大谷吉継が病のために滞在しています。石田三成が出陣の動きを見せているなど、様々な噂が大坂で立っています」

送った相手は永井直勝《ながいなおかつ》。この人物は、家康の側近です。

えーーーーっと、なんで!?（笑）

こちらの書状も原本が残っておらず、偽文書ともいわれていますが、ホントだとしたら東軍と西軍に二股《ふたまた》をかけていると思われても仕方ありません。

その後、増田長盛さんは約三千の兵を率いて、総大将の毛利輝元とともに、出陣することなく大坂城に待機。しかも、大坂城内の様子を家康に報告していたといいます。

石田三成も、増田長盛さんの怪しい動向を察知したのか、関ヶ原本戦の三日前の九月十二日に増田長盛さんに十七ヶ条の書状を送りました。全文は164Pからの「石田三成」をご参照いただきたいのですが、その一文に、長盛さんに関することが書かれています。

「敵や味方の下々《しもじも》（身分の低い者）の噂では、増田長盛と家康との間に密《ひそ》かに話し合いがついていて、（大坂にいる東軍の）人質の妻子は一人も成敗することはないと言っている。これは、物のわかった者（身分が高い者）が話していることではなく、下々が話していることである。先ほども申したように、犬山に加勢した者たちが裏切ったのも、妻子が大丈夫だからであると、下々は言っている」

つまり、三成は「あれ？　家康と通じてません？　噂がありまして、いや、下々の噂で、あくまで下々の噂ですが」と長盛さんに伝えてきたのです。

バ、バレてる!!!!（笑）

ただこちらも原本がない書状でして、これもまた偽文書ではないかといわれています。

果たして、増田長盛さんが家康へ通じていたか否《いな》か。ハッキリしたことはわかりませんが、同じく大坂城の西の丸にいた西軍総大将の毛利輝元は、吉川広家《きっかわひろいえ》を通じて家康に降伏していた（詳しくは174Pからの「毛利輝元」を参照）ので、長盛さんが内応していたとしてもまったく不思議なことではありません。

これが真実だとしたら、西軍は総大将と主要メンバーが戦う前に東軍に寝返って、西軍の本拠である大坂城にいたことになります。

関ヶ原の本戦が終わると、増田長盛さんは剃髪《ていはつ》して家康に謝罪をしますが、内通こそしていたものの、やはり西軍の中心人物だったため許されずに大和郡山城は没収され改易《かいえき》。高野山《こうやさん》に追放されました。

その後、高野山から岩槻城《いわつきじょう》（埼玉県さいたま市）の城主・高力清長《こうりききよなが》（家康の重臣）の預かりとなります。

しかし、息子の増田盛次《もりつぐ》は許され、名古屋城（愛知県名古屋市）の徳川義直《よしなお》（家康の九男）の家臣となり、一六一四年（慶長十九）の「大坂冬の陣」では徳川軍として参戦して活躍します。

ところが、翌一六一五年（慶長二十）の「大坂夏の陣」では、父・長盛さんとの相談の上、主君・徳川義直の許しを得て出奔《しゅっぽん》、大坂城へ入城します。

そして、父が烏帽子親《えぼしおや》を務めて、名の「盛」を一字授けた長宗我部盛親の軍勢に加わると、「八尾若江《やおわかえ》の戦い」で藤堂高虎《とうどうたかとら》の軍勢と戦って討《う》ち死にをしました。

「大坂夏の陣」終結後、増田長盛さんは息子が豊臣軍に付いた責任を負って自刃《じじん》します。これは家康からの命令とされていますが、江戸時代中期にまとめられた『明良洪範《めいりょうこうはん》』によると、豊臣秀頼が亡くなったことを知った長盛さんは、「秀頼公が自害された上は、何を頼みに生きていられましょう。お暇乞《いとまご》いを賜《たまわ》りたい」と遺言して、自ら腹を切ったともいわれています。

増田長盛さんのお墓は平林寺《へいりんじ》（埼玉県新座《にいざ》市）にあり、私も本書の執筆に向けて参拝してきました。平林寺には〝知恵伊豆《ちえいず》〟のニックネームで知られる江戸時代初期の老中《ろうじゅう》・松平信綱《まつだいらのぶつな》と一族（大河内《おおこうち》松平家）のお墓があるんですが、これが鳥肌の立つほど立派な墓地です。それに対して、増田長盛さんは実に小さな墓碑なんです。武家の勝者と敗者というものは、これほどまでに明暗がわかれてしまうものかと心を強く打つものがありました。

さて、関ヶ原のストーリーを語ると、どうしても増田長盛さんはどっち付かずの悪い武将として扱われがちです。長盛さんの真意は、単に自らの保身だったのか、それとも豊臣秀頼を守る別の策だったのか……。どなたか〝絶対正義の増田長盛〟の小説を書いて～！

小西行長《こにし・ゆきなが》

一五五八（永禄元）〜一六〇〇（慶長五）

加藤清正とはずっとこじれっぱなし！ キリシタンゆえの悲しき最期

DOTABATAパラメーター

統率力	☆☆☆☆
信仰心	☆☆☆☆☆
清正嫌い度	☆☆☆☆☆
ドタバタ度	☆☆☆

○秀吉子飼いの武将として九州の有力大名に

関ヶ原の戦いから四日後の九月十九日、西軍の主力武将・小西行長が捕縛《ほばく》され、十月一日に石《いし》田《だ》三成《みつなり》・安国寺《あんこくじ》恵瓊《えけい》とともに、市中引き回し後に京都の六条河原《ろくじょうがわら》で斬首《ざんしゅ》されました。享年四十三。

関ヶ原本戦後に、石田三成と同じく伊吹山《いぶきやま》に逃れた小西行長さんは、村人に自ら名乗り出て、「自分を引き渡して、褒美《ほうび》をもらえ」と提案したといいます。その後、村人が東軍の竹中重門《たけなかしげかど》の家臣に相談をした上で、家康のもとへ引き渡したそうです。

普通の武士であれば「切腹」という選択肢もありますが、小西行長さんにはそれができない事情がありました。それは行長さんが、根っからのキリシタンだったということです。キリシタンは自害を禁じられているため、行長さんも切腹をしなかったのだといわれています。

行長さんの実家は武家ではなく、摂津《せっつ》の堺《さかい》（大阪府堺市）の薬屋でした。父は小西隆佐《りゅうさ》といい、宣教師フランシスコ・ザビエルの京都滞在時の世話役となり、キリシタンとなった人物でした。

行長さんが洗礼を受けてキリシタンになるのは、一五八四年（天正十二）と少し遅いのですが、父と同じくキリシタンとなり「アウグスティヌス」という洗礼名を与えられました。ちなみに、洗礼を勧《すす》めたのは、同じくキリシタン大名として有名な高山右近《たかやまうこん》でした。

薬屋から武士となった経緯も独特で、商人時代に備前《びぜん》（岡山県）の宇喜多直家《うきたなおいえ》（五大老《たいろう》・宇喜多秀家《ひでいえ》の父）のもとに営業に来ていた時に気に入られて、宇喜多家の家臣となったといいます。

その後、織田信長《おだのぶなが》の中国攻めが始まると、宇喜多直家の使者として織田軍のトップだった豊臣《とよとみ》秀吉《ひでよし》（当時は羽柴《はしば》姓）と面会。これまた気に入られて、秀吉の家臣となったそうです。

その後は秀吉の有力な大名となり、一五八八年（天正十六）に〝肥後《ひご》（熊本県）の南半分〟を与えられ二十万石《ごく》の大大名となっています。翌一五八九年（天正十七）には宇土《うと》古城の大改築を始め、宇土城（熊本県宇土市）を築いて居城としました。

ここまでは順風満帆《じゅんぷうまんぱん》でしたが、この時すでに関ヶ原に繋《つな》がる火種はくすぶっていたんです。同時期に〝肥後の北半分〟を与えられた大名がいました。それが加藤清正《かとうきよまさ》（106P参照）です。

小西行長さんと加藤清正、この二人はとにかく仲が悪い！

「領国が隣同士だから境目の問題で常に揉《も》めていた」「小西行長がキリシタンなのに対して、加藤清正は大の付くほどの日蓮《にちれん》宗の信者だった」など理由は色々と挙げられますが、決定的となったのが二度にわたる「朝鮮出兵」でした。

小西行長さんと加藤清正はどちらも先陣を願い出ましたが、行長さんが秀吉から先陣に指名され、両軍は朝鮮に上陸して進軍して行きます。

小西行長さんの軍勢は次々と朝鮮&明《みん》（中国）軍を破って快進撃を続けていたのですが、それ以上に凄《すさ》まじかったのが加藤清正の軍勢でした。加藤清正軍は豆満江《とうまんこう》を渡って、満州のオランカイまで侵攻したのです。行長さんにとっては面白くない話です。

そんな中、日本と朝鮮&明の和睦《わぼく》案が浮上します。日本軍は戦《いくさ》を有利に進めていたものの兵糧《ひょうろう》が不足、朝鮮&明軍もまた兵糧が足りず敗戦も重なっていたためです。

しかし、日本にいる秀吉の方針は、あくまで主戦！　そのため、小西行長さんは豊臣政権での盟友だった石田三成とともに、勝手に和睦交渉を進めるのですが、それに反対したのが加藤清正でした。行長さんは、邪魔者である清正を朝鮮半島から追放するために、「独断専行で秀吉の軍令を守らなかった」「勝手に『豊臣』姓を使用していた」などと秀吉に告げ口をしました。この謀略が功を奏し、加藤清正は秀吉から譴責《けんせき》を受けて帰国。京都で謹慎《きんしん》生活となったのです。

邪魔者の去った和睦交渉において、現地の両軍は、スムーズに事を進めるために、それぞれ自国に対して敵が降伏すると〝ウソ〟を伝えました。ところが、明からは、「秀吉を日本国王に任命する」と秀吉を臣下とする書状が送られてきてしまいました。

この書状についての秀吉への報告でも嘘《うそ》で乗り切ろうと思っていた小西行長さんでしたが、秀吉のブレーンの僧侶に内容をつぶさにバラされてしまい、切腹を命じられています。この時は、前田利家《まえだとしいえ》や淀殿《よどどの》（茶々《ちゃちゃ》。秀吉の側室）の説得でなんとか許されています。ちなみに、内容をバラした僧侶というのは、直江兼続《なおえかねつぐ》と仲が良かった西笑承兌《さいしょうじょうたい》というお方で「直江状」の受取人だったりします（120P参照）。

両者ともに相手が降伏したと思っているという、まるでアンジャッシュさんのコントのようになっていた和睦交渉は結局決裂。一五九七年（慶長二）から二度目の朝鮮出兵（「慶長の役」）がスタートすることになります。

小西行長さんはもちろん出陣。ウソ和睦からの交渉決裂のミスを挽回しようと張り切り、先陣を仰《おお》せつかりました。この戦、先陣はもう一人いました。それがこれまた加藤清正です。

二人の仲の悪さはピークを迎えていたようで、小西行長さんは朝鮮軍に家臣を派遣《はけん》して、なんと加藤清正の上陸する時期を密告、清正を亡き者にしようとしたといわれています。この逸話は日本側の史料にはなく、朝鮮側の史料のみに記されたものなので、どこまで信憑性《しんぴょう》があるかはわかりませんが、いずれにせよ敵軍にも二人の仲の悪さが伝わっていたということにはなります。

ちなみに、朝鮮軍は李舜臣《りしゅんしん》（水軍を率いた将軍）に攻撃を命じますが、「さすがに罠《わな》だろう」と思った李舜臣は実行せず、小西行長さんの謀略は失敗に終わっています。

結局、二度目の朝鮮出兵は、秀吉の死によって中止となり、それを敵軍に隠したまま撤退することとなりました。この時、小西行長さんは迅速《じんそく》かつ安全な帰国のために明と交渉にあたり、同意を得ています。

○死後、居城はにっくき清正の物に

それから二年後の一六〇〇年（慶長五）七月。小西行長さんは家康との関係性は悪くなかったものの、五大老《たいろう》の毛利《もうり》輝元《てるもと》や宇喜多《うきた》秀家《ひでいえ》・五奉行《ぶぎょう》の四人（石田三成・増田《ました》長盛《ながもり》・長束《なつか》正家《まさいえ》・前田《まえだ》玄《げん》以《い》）・大谷吉継《おおたによしつぐ》・島津《しまづ》義弘《よしひろ》らと軍議を行い挙兵！　関ヶ原本戦では島津義弘と宇喜多秀家の間に

陣を張ったと伝わり、正面の筒井《つつい》定次《さだつぐ》や田中《たなか》吉政《よしまさ》の軍勢と戦ったといわれています。

しかし、西軍は敗退。前述の通り、伊吹山の山中に逃れるも捕縛され斬首となりました。

小西行長さんは斬首される前、従順なキリシタンらしく、キリストとマリアの画像（イコン）を頭上に押しいただいて祈り、死に臨《のぞ》んだといいます。

その頃、居城の宇土城ではまだ戦闘が繰り広げられていました。小西行長さんの弟・小西行景《ゆきかげ》（隼人《はやと》）が城将を務めていた宇土城に攻め寄せたのが、そう、肥後に残っていた加藤清正でした！

九月十九日から城下で戦いが始まり、十月に入って三の丸を落とされるなど、ギリギリの攻防戦となっています。その後、西軍の敗戦と行長斬首の報《しら》せが届いたため、小西行景は切腹。宇土城は加藤清正の支配下となりました。

家康派の代表的存在のイメージがある加藤清正ですが、実はそんなこともなく、家康からは上《じょう》洛《らく》を禁じられていて会津征伐への参加も許されていませんから、アンチ家康グループの挙兵を聞けば、そちらに味方してもおかしくない状況だったことは、「加藤清正」の項でも触れました。

それでも家康に味方したのはなぜか。

「家康に味方したほうが自分に得がある！」と思ったことは間違いありませんが、何よりも、お隣の小西行長さんとの長年の確執、特に朝鮮出兵をめぐるトラブルが深く関係していたようです。

ちなみに、小西行長さんの宇土城はその後、加藤清正によって改修されて隠居《いんきょ》城として使用されました。天国の行長さんは、その光景を見て、実に疎《うと》ましく思ったことでしょう、宇土《うと》だけに
……いえ、なんでもないです。

吉川広家
安国寺恵瓊

毛利家存続のために暗躍！ それぞれの思惑と明暗

きっかわ・ひろいえ
一五六一（永禄四）〜一六二五（寛永二）

あんこくじ・えけい
一五三九（天文八）?〜一六〇〇（慶長五）

DOTABATA パラメーター

吉川広家		安国寺恵瓊	
統率力	☆☆☆	統率力	☆☆
交渉力	☆☆☆☆☆	先見力	☆☆☆☆☆
全部恵瓊のせい度	☆☆☆☆☆	責任負わされ度	☆☆☆☆☆
ドタバタ度	☆☆☆☆☆	ドタバタ度	☆☆☆

○毛利家を操る〝異能の武将〟と〝元就の孫〟

関ヶ原本戦で東軍の勝利の大きなきっかけとなった二つの要因に「小早川秀秋《こばやかわひであき》の寝返り」と「毛利《もうり》軍の内通→不戦」がありました。この項でご紹介するのは後者！ 家康への内通を試みた毛利家の策士・吉川広家《きっかわひろいえ》と、西軍の総大将に主君・毛利輝元《てるもと》を担《かつ》ぎ出して戦後にすべての責任を負った外交僧侶・安国寺《あんこくじ》恵《え》瓊《けい》のお話です。

吉川広家さんは、あの毛利元就《もとなり》の孫にあたる人物です。父は〝毛利の両川《りょうせん》〟の一人である吉川元春《もとはる》で、二人の兄（吉川元長《もとなが》、吉川元氏《もとうじ》）がいましたが、長兄は病死、次兄も病弱だったことから家督を継ぎ、毛利輝元をサポートする役目を担いました。

豊臣秀吉《とよとみひでよし》からも評価を受けていたようで「豊臣」の姓と「羽柴《はしば》」の名字を与えられているほどです。また、正室には宇喜多秀家《うきたひでいえ》の姉（容光院《ようこういん》）を迎えています。容光院は秀吉の養女となっていたので、実は吉川広家さんは秀吉の娘婿《むこ》にあたる、準・豊臣一門衆のようなランクの大名だったのです。

一方、安国寺恵瓊さんは、毛利家とは因縁《いんねん》のある出自を持ったお方でした。実家は安芸《あき》（広島県）の守護《しゅご》の武田《たけだ》家だったのですが、これを毛利元就によって滅ぼされます。恵瓊さんはそれをきっかけに、実家の菩提寺《ぼだいじ》である安国寺（広島市）で出家。京都の東福寺《とうふくじ》で竺雲恵心《じくうんえしん》という僧侶の弟子になります。この竺雲恵心は、毛利隆元《たかもと》（元就の長男。輝元の父）に非常に慕《した》われていた関係で、毛利家との繋《つな》がりが生まれました。ちなみに、毛利隆元はかなりのネガティブ武将で、優秀な父と弟たち（吉川元春と小早川隆景《たかかげ》）に挟まれて苦悩していました（その苦しい胸中を竺雲恵心に告白している超ネガティブな長文の書状はとても興味深い内容なので、ぜひ拙著『ポンコツ武将列伝』をご参照くださいませ）。

さてその後、安国寺恵瓊さんは毛利家との因縁は忘れて、外交官として毛利家に仕えて活躍。上方《かみがた》の鮮度バツグンの情報を毛利家に送っています。中でも有名なのが一五七三年（天正元年）のまるで予言のような書状です。

「織田《おだ》信長《のぶなが》の代は、三〜五年はもつだろう。しかし、高いところから転げ落ちていくように見える。藤吉郎《とうきちろう》（秀吉）はなかなかの者だ」

この年、信長は足利義昭《あしかがよしあき》を京都から追放して室町《むろまち》幕府を滅亡させました。それがあと三〜五年（実際には九年）くらいしかもたないだろうと予想し、まだ世間的には知られていなかった秀吉の実力を見抜いた内容になっています。

その後、豊臣政権になっていくと、毛利家の外交官でありながら独自に伊予《いよ》（愛媛県）に六万石《ごく》の領地を与えられた（ただし一次的な史料の裏付けがないので真偽は不明）といわれています。また、安国寺恵瓊さんは「小田原征伐《せいばつ》」や「朝鮮出兵」でも軍を率いて参戦したとされているので、武将・大名・外交官でもあったスーパー僧侶だったわけです。ちなみに、世界遺産の厳島《いつくしま》神社（広島県廿日市《はつかいち》市）の千畳閣《せんじょうかく》（豊国神社の本殿）は、秀吉に命じられた恵瓊さんが建立《こんりゅう》した（未完成）ものです。

吉川広家さんと安国寺恵瓊さん、毛利家の主導権をめぐって不仲だったというこの二人の思惑が、関ヶ原で交錯《こうさく》することになったのです。

○「すべて輝元の指示」「輝元は何も知らず」――どちらが本当？

一六〇〇年（慶長五）の七月はじめ、西軍の主要メンバー（石田《いしだ》三成《みつなり》や大谷吉継《おおたによしつぐ》、三奉行《ぶぎょう》など）は協議を重ねて、打倒家康の兵を挙げることを決意します。

具体的な挙兵は七月十七日に出された「内府《だいふ》違いの条々」ですが、それ以前に西軍挙兵の噂《うわさ》は立っていて、七月五日に居城の月山富田城《がっさんとだじょう》（島根県安来《やすぎ》市）を出た吉川広家さんも、播磨《はりま》の明石《あかし》（兵庫県明石市）でその噂を耳にしました。しかも、そこには衝撃的な事実がありました。なんと毛利家の外交僧である安国寺恵瓊さんが、西軍の挙兵に加担していたのです！

吉川広家さんはこの事実を知って慌《あわ》てて大坂に向かい、七月十三日に到着。

すると安国寺恵瓊さんが、「広島城にいる毛利輝元の指示です」と主張しているではありませんか。

「これは、毛利家にとって良くない」――そう思った吉川広家さんは、翌七月十四日に榊原康政《さかきばらやすまさ》（家康の重臣）に書状を送って、これまでの経緯と弁解をしています。そこに書かれていたのが、先述した月山富田城からの西軍挙兵の噂と、安国寺恵瓊のドップリ関与です。そして、そこには毛利家を存続させるための大事な一文も記されていました。

「毛利輝元は事情を知りません！」

つまりは「全部、安国寺恵瓊が一人で計画したことです！」ということをアピールしたんです（ただ、この書状は実際に榊原康政に送られた形跡がなく、吉川家側の史料にしか登場しないため、戦後に吉川広家さん側が偽造した可能性あり）。

ところが、そんな広家さんの苦労を知らない主君の毛利輝元は、西軍総大将となるオファーをノリノリで受けて七月十五日に広島城を出陣、二日後に堺《さかい》に到着してしまいます（176P参照）。

主君が総大将となってしまった以上、西軍として戦わざるを得ない吉川広家さんは、安国寺恵瓊さんなどとともに伊勢《いせ》（三重県）から美濃《みの》（岐阜県）に転戦して、九月七日に南宮山《なんぐうさん》に着陣しました。

私、この南宮山に実際に登ってみたんですが、小一時間の登山の末に辿《たど》り着くことができる山頂には、土塁《どるい》や曲輪《くるわ》の跡が現存していて景色がまぁ最高です！　ただ、西の関ヶ原は見えず、東に大垣城《おおがき》を望むことができる場所です。つまり、あくまで毛利軍は、東軍に包囲されている西軍の大垣城の後詰め《ごづ》（援軍）として南宮山に陣を張ったと考えられます。この南宮山の北麓に安国寺恵瓊さんと吉川広家さんが陣を構えたといいます。

この時、バリバリの西軍として行軍していた吉川広家さんはまだあきらめていませんでした。

「西軍は敗れる！　家康に内通するべきだ！」

吉川広家さんは実は、伊勢を転戦している時に黒田長政《くろだながまさ》を通じて、家康との交渉を重ね続けていました。その工作活動が功を奏したのか、八月十七日に黒田長政から〝内通の内定〟のようなものを送られています。

「今回のこと、毛利輝元はご存知ではなく、安国寺恵瓊一人の才覚によるものであることは、内府公（家康）もおわかりになっているようです。毛利輝元へお伝えいただき、内府公との和睦《わぼく》をするように動いていただければと思います。合戦となってしまっては、和睦交渉も整いません」

しかし、和睦はうまく進むことなく、吉川広家さんら西軍は八月二十四日に安濃津《あのつ》城（三重県津市）を攻略してしまっています。

そして、関ヶ原本戦の前日九月十四日を迎えました。広家さんは毛利家を守るために、福原広俊《ふくはらひろとし》という毛利家の重臣とともに、独自に和睦交渉を成立させることを決意します。黒田長政に毛利家の重臣を人質として差し出して「毛利家は戦わない」という書状を送り、家康との最終交渉を行います。そして同日、ついに井伊直政《いいなおまさ》と本多忠勝《ほんだただかつ》から、次のような内容の承諾《しょうだく》書を得ることに成功します。

「毛利輝元をいささかもおろそかにしない」

「吉川広家と福原広俊も忠節を尽くしているのでおろそかにしない」

「毛利輝元が忠節を尽くすなら、内府（家康）から直接書状を送り、毛利輝元の領地は安堵《あんど》する」やりました！　吉川広家さんの活躍によって、毛利家は領地を没収されない約束まで取り付けることができたのでした！　が……ご存知の通り、そんなにうまいこと行きません（笑）。

○二人の謀臣の苦労も水の泡、主君・輝元の無思慮なふるまい

関ヶ原本戦が始まると、毛利軍の最前線にいた吉川広家さんが動かなかったため、その背後にいた安国寺恵瓊さんや毛利秀元《ひでもと》（輝元の従兄弟《いとこ》&元養子。輝元の代理で毛利軍を率いていた）は動けませんでした。

そんなタイミングで、南宮山の南に陣を張る長宗我部《ちょうそかべ》盛親《もりちか》（230P参照）からの使者が毛利秀元のもとを訪れました。「早く出陣してくれ」という出陣依頼です。これに対して秀元は「いま、兵士たちに弁当を食べさせている」と苦しい言い訳をしたと伝えられています。いわゆる「宰相《さいしょう》殿（毛利秀元）の空《から》弁当」と呼ばれる逸話です。江戸時代以降の軍記物で描かれた定番のエピソードですが、面白いですよね。私も南宮山の山頂で弁当を食べてきました（笑）。

一方、安国寺恵瓊さんも吉川広家さんに出陣を促《うなが》す使者を送って問い質《ただ》しますが、のらりくらりとかわされてしまい、毛利軍は結局戦闘に参加することなく関ヶ原本戦を終えたといいます。

安国寺恵瓊さんは戦後に逃亡して姿をくらませ、京都の六条の辺りに潜伏していたそうです。『慶長年中卜斎記《けいちょうねんちゅうぼくさいき》』によると、逃亡中に恵瓊さんの家臣たちが「これ以上は逃げ切れない。主君が捕縛《ほばく》され辱《はずかし》めを受けるならば……」と介錯《かいしゃく》しようとしたといいます。しかし、恵瓊さんは亀の

ように首を引っ込めて逃げ回ってしまい、右の頰《ほお》を少し斬《き》りつけただけで失敗に終わったといわれています。このギャグ漫画みたいな逸話は、おそらく石田三成や小西行長《こにしゆきなが》とともに六条河原《ろくじょうがわら》で処刑された〝謀略家的ヒール役〟の恵瓊さんを貶《おとし》めるための逸話だと思われます。

ちなみに、安国寺恵瓊さんを発見して捕縛したといわれるのは鳥居信商《とりいのぶあき》という人物です。このお方は奥平信昌《おくだいらのぶまさ》（家康の家臣）の家臣なんですが、父は同じく奥平信昌に仕え、「長篠《ながしの》の戦い」では長篠城の伝令として、包囲する武田《たけだ》軍を突破して家康に援軍を依頼、帰城する際に武田軍に磔《はりつけ》にされて亡くなった、あの鳥居強右衛門《すねえもん》です。鳥居信商は戦後、安国寺恵瓊さんを逮捕した功績によって石高《こくだか》は二倍の二百石になっています。

さて、西軍の挙兵前後から吉川広家さんは、「毛利輝元は知りません！　安国寺恵瓊一人によるものです！」と言い続けてきましたが、戦後にえらいことになります。なぜなら、毛利輝元があり得ないスピードで広島城から大坂に上ってノリノリで西軍の総大将となり、四国や九州に兵を送り込んで東軍のお城や領地を制圧しようとするなど、ゴリゴリに西軍の戦闘に関与していたためです。

証拠となる毛利輝元の書状もたくさん見つかってしまう有様だったため、十月二日に黒田長政が吉川広家さんに宛てた書状には次のようなことが書かれています。

「本領安堵の件は毛利輝元が仕方なく総大将に担《かつ》ぎ上げられた場合だけです。ところが、西軍の数々の書状に、毛利輝元の花押《かおう》（サイン）がありました。困りました。毛利家は改易《かいえき》となるでしょう。しかし、毛利家の領地の一、二ヶ国だけでももらえるように交渉中です」

黒田長政が愚痴《ぐち》りたくなる気持ちもわかります（笑）。ただ、家康と交渉してくれるのはありがたいですね。吉川広家さんはこの書状に対して、

「何とぞ毛利家を残していただきたいです。この度のことは毛利輝元の本意ではありません。毛利輝元がきちんとした人間ではなく、分別《ふんべつ》がないのは皆さんご存知ではないですか。どうか〃毛利〃の名字を残してください」

と返信しています。要約すると「主君はダメ人間なんです！　知ってますよね？　お願いします！」ということでしょうか（笑）。吉川広家さんは、安国寺恵瓊さんだけでなく、毛利輝元とも不仲だったといわれているので、このあたり容赦《ようしゃ》ありません。

この吉川広家さんのしぶとい交渉によって、結果的に毛利家は改易を免《まぬが》れることとなります。しかし、安芸を中心とした山陽・山陰八ヶ国百十二万石から、周防《すおう》・長門《ながと》（山口県）三十万石へ転封《てんぽう》＆大減封《げんぽう》となりました。その後、広家さんは周防の岩国（山口県岩国市）を与えられ、岩国城を築いています。ちなみに〃日本三名橋〃に数えられる岩国城下の錦帯橋《きんたいきょう》は、吉川広家さんの孫（吉川広嘉《ひろよし》）が建造したものです。

こうして吉川広家さんと安国寺恵瓊さんの関ヶ原は終わりました。

御家《おいえ》存続のために内応して主君に翻弄《ほんろう》されながらも和睦交渉を成立させた吉川広家さん、前田利長と上杉景勝の次に討伐されるのは毛利輝元かもしれないと察し、家康を打倒するために挙兵した結果、毛利家の全責任を負って斬首された安国寺恵瓊さん。毛利輝元を含めた三人の関ヶ原をめぐる会話劇の舞台があったら、私は観《み》に行きたい！

島津義弘

しまづ・よしひろ

一五三五（天文四）～一六一九（元和五）

〝イヤイヤ西軍〟説はウソ!? 実は挙兵の〝初期メン〟だった薩摩の雄

DOTABATAパラメーター

統率力	☆☆☆☆☆
西軍への関与度	☆☆☆☆☆
敵中突破力	☆☆☆☆☆☆☆☆☆☆☆
ドタバタ度	☆☆☆☆☆

○「島津の退き口」に至るまでのつれない態度

関ヶ原での武勇伝として特に有名なのが、薩摩《さつま》（鹿児島県）軍の敵中突破による退却戦、いわゆる「島津の退《の》き口《ぐち》」でしょう。

その軍勢を率いていたのが島津義弘です。

島津義弘さんは当初は東軍に味方しようと考えていて、鳥居元忠《とりいもとただ》（徳川家康《とくがわいえやす》の重臣）が入城していた伏見《ふしみ》城（京都市伏見区）に援軍として加わろうとしました。しかし、入城を拒否されてしまったため、仕方なく西軍に味方することとなった立場でした。

また、西軍の本陣である大垣《おおがき》城（岐阜県大垣市）に入り、関ヶ原本戦の前日の九月十四日に夜襲を提案するも石田三成《いしだみつなり》に却下されるなど、西軍に対する思い入れはほとんどなし。

そんな背景があったため、関ヶ原本戦では笹尾山《ささおやま》（石田三成の陣地）のすぐ南に陣を張ったと伝わりますが、一切戦闘に参加しようとしなかったといいます。

『山田晏斎覚書《やまだあんさいおぼえがき》』（島津家の家臣が後年にまとめた史料）によると、島津家の参戦を促《うなが》すために使者として訪れた石田三成の家臣（八十島助左衛門《やそじますけざえもん》）は、馬上から口上したために、「不届き者である！　討《う》ち取れ！」と罵声《ばせい》を浴びせられたそうです。

江戸時代にまとめられた『惟新公《いしんこう》関原御合戦戦記』（惟新は義弘の出家後の名）によると、その後、石田三成が自ら陣地を訪れて、一刻も早い参戦をお願いしに行ったといいます。しかし、重臣の島津豊久《とよひさ》（義弘の甥《おい》）は「おのおの力を尽くそう」とだけ石田三成に返答。煮え切らぬ返事に石田三成は「そうか、好きにせよ」と答えて帰陣しています。

また、島津義弘さんは、「敗走した西軍の兵が、自軍の備えに崩れかかってきたら、たとえ味方といえども討ち捨てよ」と家臣たちに命令していたといわれています。

なんともつれない島津軍！　〝イヤイヤ西軍〟感がすこぶる強いです。

両軍の激戦が繰り広げられる中、動くことのなかった島津軍ですが、西軍が敗走すると、わずか三千（千五百とも）の軍勢は、関ヶ原の戦場にポッカリと取り残されてしまいました。

「敵は何方《いずかた》が猛勢か」と尋《たず》ねる島津義弘さんに、側近の馬廻《うままわり》が「東よりの敵が、もってのほかの猛勢です」と返答。すると、義弘さんは、「では、その猛勢の中へかかり入れよ」と命令します。

「前方に見えるのは、みな敵ばかりです」と困惑する家臣たちに対し、島津義弘さんが「敵ならば切り通るのみ。それができぬなら、兵庫入道《ひょうごにゅうどう》（島津義弘）は切腹するだけよ」と答えたので、家臣たちも「いずれも、承《うけたまわ》りました」と死を覚悟、前代未聞の敵中突破、すなわち「島津の退き口」が始まったといいます。

本陣には、重臣の長寿院盛淳《ちょうじゅいんもりあつ》を残して出陣。盛淳は義弘さんの甲冑《かっちゅう》や陣羽織《じんばおり》などを拝領して影武者となり、本陣を守りました。この後、長寿院盛淳は島津義弘さんの身代わりとなって討ち死にを遂げました。

島津義弘さんの軍勢は正面の福島正則《ふくしままさのり》軍を突破し、東軍を切り崩しながら伊勢《いせ》街道を南に進軍します。この時の島津軍がとにかく強かった！　井伊直政《いいなおまさ》を狙撃して、松平忠吉《まつだいらただよし》（家康の四男）を負傷させ、本多忠勝《ほんだただかつ》の愛馬（三国黒《みくにぐろ》）を撃ち殺したとされるほどの奮戦ぶりでした（50P参照）。

強さの秘訣《ひけつ》は「捨て奸《がまり》」。追撃してくる敵軍に対して、足止めをするために命を捨てる覚悟で、その場に留《とど》まって迎撃する戦法です。特に島津軍の場合は、得意の火縄銃を用いた戦法でした。甥の島津豊久が討ち死にするなどした、この「烏頭坂《うとうざか》の戦い」と呼ばれる激戦で、島津軍は多くの被害を出したものの、島津義弘さんは堺《さかい》まで到着。船を使って薩摩まで帰国することができました。

帰国時に従っていた家臣はわずか八十数人だったといいます。現在、戦場となった烏頭坂（岐阜県大垣市）には島津豊久の供養塔が建立《こんりゅう》されています。

その後、島津義弘さんは西軍に味方した責任を取って加治木《かじき》（鹿児島県加治木町）に隠居《いんきょ》。

それから島津義久《よしひさ》（義弘の兄）と徳川家との間で交渉が進められ、島津家は西軍に付いたものの一六〇二年（慶長七）に戦前と同じく、薩摩・大隅《おおすみ》（鹿児島）、日向《ひゅうが》（宮崎）の領地が安堵《あんど》されることになりました。ちなみに、島津家が許されるように取次役《とりつぎやく》を担った徳川家の家臣は、島津家に狙撃された井伊直政でした。

それから十七年後の一六一九年（元和五）に島津義弘さんは八十五歳で亡くなっています。義弘さんは郷土の偉人として、今も地元の方々から愛され続けていて、その菩提寺《ぼだいじ》である妙円寺《みょうえんじ》（現・徳重神社《とくしげ》）では、江戸時代から「妙円寺詣《まい》り」が行われています。これは薩摩藩士たちが「島津の退き口の苦難を忘れないように」と、関ヶ原の前日（九月十四日）に鹿児島城下から妙円寺までの往復約四十キロを、甲冑を身にまとって行軍するイベントです。私も一度は見学してみたいと思っています。

そんな勇敢で正義感の強いイメージのある島津義弘さんですが、どうやら伝わっていることと違う〝怪しい〟お話もあるんです。

○はじめからアンチ家康グループに名を連ねていた？

先述の、よく語られている、「島津義弘は仕方なく西軍に味方した」というお話。実はこれ、少し臭《にお》うんです！

なぜかというと、島津義弘さんは西軍の挙兵の初期メンバーだったと考えられるためです。

一六〇〇年（慶長五）七月十五日のことです。この日は、三奉行《ぶぎょう》（増田長盛《ましたながもり》、長束正家《なつかまさいえ》、前田玄以《まえだげんい》）や石田三成らが上坂《じょうはん》を要請していた毛利輝元《もうりてるもと》が、その要請に応じて広島城を出陣した日で、二日後の七月十七日には三奉行の連署《れんしょ》で「内府違《だいふ》いの条々」（203P参照）が出されて、西軍への加担を全国の大名に依頼しています。

その七月十五日のことなんですが、島津義弘さんは五大老《たいろう》の上杉景勝《うえすぎかげかつ》に書状を送っているのです。当時、上杉景勝は家康と決裂して「会津征伐《せいばつ》」を受ける直前でした。つまり、同じアンチ家康グループです。それ以前はあまり交流が見られない上杉景勝に対して、義弘さんが送った書状はこんな感じ。

「今度、内府（家康）が会津へ出張するにつき、毛利輝元・宇喜多秀家《うきたひでいえ》を始め、大坂御老衆（三奉行のこと）、小西行長《こにしゆきなが》、大谷吉継《おおたによしつぐ》、石田三成と相談しました。豊臣秀頼《とよとみひでより》様のために、貴老（上杉景勝）も同意したと承りました。拙者《せっしゃ》もその通りです。詳しくは石田三成から申し上げます」

つまり、島津義弘さんは西軍決起の〝初期メン〟の一人だったと思われるのです。

その他にも、大谷吉継が真田昌幸《さなだまさゆき》に宛てた七月三十日付の書状にも、挙兵メンバーの主な人物として「年寄衆《としよりしゅう》（三奉行のこと）、毛利輝元、宇喜多秀家、島津義弘」を挙げています。

七月十八日からは伏見城を攻めています。

この項の冒頭で、義弘さんは伏見城に入城する予定だったが城代の鳥居元忠に拒否されたと書きましたが、このことが書かれているのは江戸時代以降の軍記物だけ。当時の史料からは確認できません。

当時の義弘さんの書状（生駒親正《いこまちかまさ》宛）には「伏見城の在番の話があったが、返事がないまま東国（会津征伐）へ向かってしまった」とあります。

なので、有名な「入城したかったけど〝拒否られ〟た」という話は、江戸幕府に対して西軍に付いてしまった弁解として誕生したのかもしれません。

また「石田三成に夜襲の策を退けられて、関係がより険悪になって本戦で戦わなかった」ともいわれますが、島津義弘さんと石田三成はずっと仲が良いんです！

○三成に助けられた薩摩のフクザツな事情

二人の交流が始まったのは、関ヶ原の十三年前。一五八七年（天正十五）の「九州征伐」でした。秀吉の大軍に攻められた島津家は降伏をするのですが、豊臣家を代表して島津家と戦後交渉を行なったのが石田三成です。島津家に寛大な処置が下されるように間を取り持ち、島津家のもとの領地（薩摩・大隅・日向）が安堵されています。つまり、島津家は石田三成のおかげもあり、「秀吉に大反発したのに旧領地はキープ」という優しい処分になったんです。

それ以降、豊臣家との取次役を務めた石田三成は、秀吉が行なった「太閤検地《たいこうけんち》」でも薩摩を担当しています。島津義弘が残した書状にも「石田三成と相談をしてから」「石田三成の指南を受けてから」などと書かれているのもがちょこちょこ見られます。

ただ、島津家も鎌倉時代初期から続く伝統ある家柄ですので、豊臣政権のやり方なんぞに従いたくない保守的な家臣たちもいます。太閤検地で自分の利権が減ったりなくなったりもしますので。その保守勢力（アンチ秀吉政権）と結びついていたのが兄の島津義久でした。

そのため、島津家内部では政治的な対立が生じて、石田三成や家康もそれに介入していきます。つまり――『島津義弘さん・島津忠恒《ただつね》＝石田三成VS島津義久・保守家臣＝徳川家康』というような対立構図です。

島津忠恒（後の家久《いえひさ》。薩摩藩初代藩主）というのは義弘さんの息子で、実子がいなかった兄（島津義久）の後継者となっていました。しかし、実権はそのまま兄が握っている状態でした。

一方で兄・義久は、島津義弘さんや甥が石田三成を通じて豊臣政権と繋《つな》がり、島津家の実権を奪おうとする動きを警戒していました。

そんな中で、島津忠恒が島津家の重臣である伊集院忠棟《いじゅういんただむね》を自ら暗殺する事件が起き、息子の伊集院忠真《ただざね》が都城《みやこのじょう》（宮崎県都城市）で島津家に対して叛旗《はんき》を翻《ひるがえ》す「庄内《しょうない》の乱」が勃発《ぼっぱつ》します。島津家は伊集院家の十二外城《とじょう》（十二ヶ所の支城）を攻略しきれず、戦況は膠着《こうちゃく》状態となりました。

「これを調停すれば、自分の力を誇示できるし、島津家を取り込むことができる！」

そう思った家康は、寺沢広高《てらさわひろたか》（後の唐津《からつ》藩初代藩主）を使者として派遣《はけん》します。

島津義弘さんは、家康が島津家に介入してくることを嫌ったものの、家康に反発することは豊臣政権に対して反発することになってしまいますので、結局は家康の仲介によって和睦《わぼく》となりました。

島津家のために奔走《ほんそう》した石田三成、その石田三成と深い繋がりを持った島津義弘さん。

しかし、島津家を掌握したい兄との対立に、息子の重臣暗殺事件と遺児の反乱、それに乗じて島津家への介入を謀《はか》る家康——。

どこのサスペンスドラマですか！　面白い……。

島津家の実権を握ろうという野心を持つ島津義弘さん。しかし、頼りの石田三成は襲撃事件をきっかけに失脚し、挽回の機会を狙っていました。

そのタイミングで家康は会津征伐に出陣。島津家は庄内の乱による領地での混乱もあったため、上方《かみがた》にいる軍勢はわずか一千ほど。そのため、義弘さんが上方に残されることに。

当初、家康は伏見城の城番を任せようかと思ったものの、もともと石田三成派だった島津義弘さんを信用しきれず家臣を入城させる。

そして、島津義弘さんは頃合いを見て、盟友である石田三成とともに打倒家康の兵を挙げた！

――のかもしれません。

仮に西軍が勝利すれば、家康と接近していた兄の島津義久を政権から追放でき、自分と息子が実権を握るという策略だったのでしょうか。

江戸時代以降に伝えられた島津義弘さんの関ヶ原とは異なるまったく仮定のストーリーですが、実はこんなドタバタな裏側があったのかもしれません。

その後、薩摩藩（鹿児島県鹿児島市）の藩主は島津義弘さんの子孫が代々務めました。そして、義弘さんから十三代目にあたる島津忠義《ただよし》の代になって、薩摩藩は藩士の大久保《おおくぼ》利通《としみち》や西郷隆盛《さいごうたかもり》らが中心となり、二百六十四年も続いた江戸幕府を滅ぼす原動力となったのはご存知の通りです。

ともに関ヶ原では西軍に付いて異なる味の苦汁《くじゅう》を舐《な》めた長州藩の毛利家と手を組んだ薩摩藩が、家康が開いた江戸幕府を倒し、新たな政権を樹立することになるとは、島津義弘さんは考えもしなかったことでしょう。こうした因縁《いんねん》話が幕末・明治維新にリンクしてくるあたりも、これまた関ヶ原の面白いポイントですね！

長宗我部盛親

「関ケ原」よりも大変な御家の事情！改易理由は兄弟ゲンカ!?

ちょうそかべ・もりちか

一五七五（天正三）〜一六一五（慶長二十）

DOTABATAパラメーター	
統率力	☆☆
父親の愛情	☆☆☆☆☆
兄への信頼	☆
ドタバタ度	☆☆☆☆☆

○名門を襲った御家騒動の悲劇

四国を代表する大名家といえば、土佐《とさ》（高知県）の長宗我部家でしょう。特に長宗我部元親《もとちか》は土佐を統一した後に、四国を平定する勢いを見せた名将として知られています。

以前、高知県にテレビ番組のロケでおじゃました時に、空き時間を使って長宗我部元親の初陣《ういじん》の地である長浜古戦場や若宮八幡宮（カッコいい銅像が立っている！）、居城となった岡豊《おこう》城（高知県南国市）、大高坂山《おおたかさかやま》城（後の高知城）や浦戸《うらど》城（現在は坂本龍馬《さかもとりょうま》記念館）など色々と巡ってきました。

「高知県の歴史上の偉人」というと、坂本龍馬や中岡慎太郎《なかおかしんたろう》、岩崎弥太郎《いわさきやたろう》など幕末から明治時代にかけての人物が有名ですが、現地はなかなかの長宗我部推し！　高知市では「長宗我部史跡マップ」という史跡巡り用のパンフレットも作成されています。ちなみに、このマップは高知市のホームページから誰でも無料でダウンロードできますので、巡礼する際はぜひ旅のお供に。

そのパンフレットの表紙には、メインの三人のイラストが描かれています。それが長宗我部元親と長男の長宗我部信親《のぶちか》、そして四男の長宗我部盛親さんです。

父の長宗我部元親は、織田《おだ》信長《のぶなが》・豊臣秀吉《とよとみひでよし》・徳川家康《とくがわいえやす》などと同世代の一五三九年（天文八）の生まれです。土佐の小さな国衆《くにしゅう》から、四国全土に勢力を伸ばすんですが、一五八五年（天正十三）に秀吉の「四国征伐《せいばつ》」を受けて降伏。領地は土佐一国のみとなりました。

ちなみに長宗我部元親は、はじめは信長と同盟関係にあった（長男の長宗我部信親の「信」は信長からもらった一字）ものの、元親の勢いを見て信長が政策をチェンジ。逆に、長宗我部元親と対立していた阿波《あわ》（徳島県）の三好《みよし》家をサポートする動きを見せて対立します。

この信長の心変わりに困ったのが、長宗我部家と織田家の取次役《とりつぎやく》だった明智《あけち》光秀《みつひで》でした。明智家の重臣・斎藤利三《さいとうとしみつ》の妹が長宗我部元親の正室という深い関係性もあった明智光秀は、信長の翻《ほん》意《い》を良しと思わず、決行したのが「本能寺《ほんのうじ》の変」だったという説もあったりします。

ということで、近年さらに注目を浴びている長宗我部家ですが、長宗我部盛親さんが関ヶ原で西軍に付いて改易《かいえき》となるまでには、波乱のドタバタ悲劇が繰り返されています。

秀吉に降伏した父は、一五八六年（天正十四）から行われた薩摩《さつま》（鹿児島県）の島津《しまづ》家を攻めた「九州征伐」に長男の長宗我部信親と従軍しました。しかし、豊後《ぶんご》（大分県）で起きた「戸次《へつぎ》川《がわ》の戦い」で豊臣軍は大惨敗を喫して長男は討《う》ち死にしてしまうのです。

長男の死を知った父は、後を追って自害しようする（家臣に説得されて思いとどまる）など、精神的に弱っていってしまったといわれています。さらに、そこに生じたのが、長宗我部家の運命を決めた御家《おいえ》騒動だったのです！

先述した通り、この項の主人公である長宗我部盛親さんは〝四男〟です。討ち死にした長男の他に、香川親和《かがわちかかず》と津野親忠《つのちかただ》という二人の兄がいたのです。

武田信玄《たけだしんげん》の亡き後、他の兄弟たちに諸事情があった（長男・武田義信《よしのぶ》はすでに死去、次男・海野信親《うんののぶちか》は盲目、三男・武田信之《のぶゆき》は早世）ため四男の武田勝頼《かつより》が継いだように、弟が家督を相続するパターンもありますが、長宗我部家の場合は否《いな》！　みんな健在でした！

そのため、長男の死後に御家騒動が勃発《ぼっぱつ》します。ところがご安心を。当初はドロドロした展開にはなりませんでした。なぜなら、父は溺愛《できあい》していた長宗我部盛親さんに「家督を継がせる！」と早々に決めたからです。秀吉からは「香川親和に継がせてみては？」と提案されていたのに、それを却下したほどですので、よほどかわいがっていたのでしょう。また、二人の兄の名字が「長宗我部」でないように、他家の養子となり当主となっていたことも長宗我部盛親さんが推された理由とされています。

しかし当然、香川親和を推す家臣たちは大反対します。長宗我部盛親さんが短気で傲慢《ごうまん》な性格だったというのも影響していたといいます。

この反発に対して、父の取った行動は粛清《しゅくせい》！

香川親和を当主に据《す》えようとする重臣を切腹に追い込んだのです。その中には、自分の娘婿《むこ》（吉良親実《きらちかざね》）などもいたので、その徹底ぶりがうかがえます。

ちなみに、その粛清以前に香川親和は急死しています。家督を継げないと知ったための〝憤死〟とされています。精神的なショックからの病気、断食《だんじき》して餓死《がし》、父の毒殺など様々な説があって死因は定かではありませんが、失望の末に急死したことは間違いありません。

こうして、次男・香川親和とそれを推す勢力は徹底的に粛清されました。

では、残る三男・津野親忠はどうなったんでしょう！　この兄の存在が〝関ヶ原→改易〟へと繋《つな》がっていきます。

○死罪を免れるも、叶わなかった御家再興

三男の津野親忠は御家騒動に参戦するものの、早々に長宗我部盛親さんへの家督相続が決定し、兄・香川親和の勢力が粛清されたこともあったためか、目立った行動は取らなかったようです。

しかし、関ヶ原の前年の一五九九年（慶長四）三月になって突如として、父の長宗我部元親から幽閉されてしまうのです。それから二ヶ月後の五月に元親は病死するので、自分の死期を悟《さと》って、死後に御家騒動とならぬように閉じ込めたのかもしれません。

それから一年と四ヶ月後、「関ヶ原の戦い」が勃発します。

長宗我部盛親さんは当初から西軍として参戦し、伏見《ふしみ》城を攻め落とした後、毛利《もうり》軍とともに伊勢《いせ》（三重県）に進軍して安濃津《あのつ》城などを攻略しています。

本戦では毛利軍が陣を張った南宮山《なんぐうさん》の山麓《さんろく》に陣地を構えますが、毛利軍が事前に家康に内応していたため動くことができず、特に戦うことなく敗走することになりました。

ちなみに、長宗我部盛親さんはもともと、東軍に味方しようと家康に使者を派遣《はけん》したものの、

西軍が道を塞《ふさ》いでいたため、仕方なく西軍に味方したという話も残されています。しかし、これは江戸時代の史料に登場するもので、同じような内容が島津義弘《しまづよしひろ》や小早川秀秋《こばやかわひであき》にも残されているので、少々アヤシイです。

また、長宗我部盛親さんは、西軍の主導者である五奉行《ぶぎょう》の増田長盛《ましたながもり》（200P参照）から烏帽子親《えぼしおや》（元服《げんぷく》の儀式の時に烏帽子を被《かぶ》せる役）として「盛」の一字をもらっている間柄ですので、アクティブに西軍に味方したと思われます。

しかし、そんな西軍もアッという間に壊滅《かいめつ》。盛親さんは敗軍の将となってしまいました。

そして、戦後すぐに改易が決定……というわけじゃないんです！　実は当初、長宗我部家は改易となる予定ではなかったんです。

以前から仲良くしていた徳川家の重臣である井伊直政《いいなおまさ》に仲介してもらい、長宗我部盛親さんは家康に公式に謝罪。その結果、土佐は没収されることとなったものの、代替地を与えられることとなりました。

ところが、その交渉の前後に、土佐では再び御家騒動が勃発していました。

幽閉されておとなしくしていた兄の津野親忠が、自分が親しくしている藤堂高虎《とうどうたかとら》を通じて独自に家康と交渉を行い、土佐の半分を手に入れようとしているという噂《うわさ》が立ったのです。

長宗我部盛親さんはこの噂を真実として受け取り、なんと関ヶ原から十四日後の九月二十九日に兄を暗殺してしまうのです！

実の兄を殺してしまったということで、家康は大激怒。それまでの交渉は破談になり、長宗我部家は改易、盛親さんは処刑されることになりました。しかし、ここでも井伊直政が間を取り持ち、なんとか死罪は免《まぬが》れます。

この長男の死から改易までの一連の長宗我部・御家騒動。実は黒幕がいたともいわれています。それが長宗我部盛親さんの重臣だった久武親直《ひさたけちかなお》という人物です。

『土佐物語』など、長宗我部家のことを書いた江戸時代の史料には大体「謀略家・奸臣《かんしん》キャラ」として登場、讒言《ざんげん》を繰り返してライバルを死に追い込んでいく人物として描かれがちです。たとえば、自分が推している長宗我部盛親さんが家督を継げるように、次男・香川親和の重臣を切腹に追い込む讒言を父・長宗我部元親にしたり、三男・津野親忠が土佐を奪い取ろうとしていると長宗我部盛親さんに讒言したりしたといわれています。

どこまで事実を抑えているかはわかりませんが、ドラマにするとしたら、こういうキャラは絶対必要ですよね。

こうして、御家騒動の末に長宗我部家は改易となったといわれていますが、別の見解もあります。

土佐の没収に際して、反発した長宗我部家の家臣たちが居城の浦戸城で「浦戸一揆《いっき》」を起こしているのです。

浦戸城を接収するために派遣された井伊直政の家臣たちは、長宗我部家の菩提寺《ぼだいじ》である雪蹊寺《せっけいじ》に入りますが、なんと一万七千人もの一揆軍がこれを包囲、土佐に少しでも長宗我部盛親さんの領地を与えるように訴えました。

井伊直政の家臣たちの説得もあり、一揆の上層部（長宗我部家の重臣クラス）は浦戸城の開城を決意。しかし、一揆の下層部である一領具足《いちりょうぐそく》（普段は農業をしているが合戦には一領の具足を持って参戦する半農半兵の地侍）は反発を続けたために井伊直政と旧長宗我部家の家臣たちの鎮圧軍の攻撃を受け、二百七十三もの一領具足が討ち取られたといわれています。

関ヶ原の約三ヶ月後の十二月に浦戸一揆は鎮圧され、土佐には山内一豊《やまうちかずとよ》が入りました。一方、長宗我部盛親さんは何をしていたかというと、御家復興をあきらめずに交渉を行いつつ、剃髪《ていはつ》して「大岩祐夢《たいがんゆうむ》」と名乗って京都で寺子屋の先生をしていたといわれています。

そして、関ヶ原から十四年後に「大坂冬の陣」が起こると大坂城へ入城、豊臣軍として戦いました。翌年の「大坂夏の陣」における「八尾若江《やおわかえ》の戦い」では藤堂高虎の軍勢と激戦を繰り広げ、大坂城の落城後に落ち延びたものの、京都で蜂須賀至鎮《はちすかよししげ》の軍勢に捕縛《ほばく》され、六条河原で斬首《ざんしゅ》されました。息子たちも同じく処刑され、長宗我部家の御家再興の道は閉ざされています。

長兄・長宗我部信親の不慮の討ち死に、次兄・香川親和の憤死、三兄・津野親忠の幽閉、父・元親の死から一年後に起きた天下分け目の合戦、敗戦後の御家騒動で改易、御家再興を謀《はか》り大坂城入城も逃走の末に斬首、一族は処刑——。

〝ドタバタ〟という一言では言い表しきれないほど濃厚な長宗我部盛親さんの関ヶ原の始末でした。

宇喜多秀家《うきた・ひでいえ》

一五七二（元亀三）～一六五五（明暦元）

〝元家臣が東軍〟の緊急事態！　御家騒動に悩まされた豊臣のプリンス

DOTABATA パラメーター

統率力	☆☆☆☆
逃走力	☆☆☆☆☆
生命力	☆☆☆☆☆
ドタバタ度	☆☆☆☆☆

○最年少「五大老」――豊臣政権の超有力武将

現在、宇喜多秀家の居城だった岡山城（岡山県岡山市）では、『戦国の貴公子　宇喜多秀家☆フェス』が毎年行われているように、天下人の豊臣秀吉《とよとみひでよし》の養子でありイケメン（肖像画を見ると目がクリクリでスタイルも良い！）の宇喜多秀家さんは、戦国好きの中では〝プリンスキャラ〟としてイメージが定着しているように思います。

そのイメージの基ネタの一つに〝若さ〟があります。一五七二年（元亀三）生まれの秀家さんは五大老《たいろう》の最年少！　秀吉が亡くなった一五九八年（慶長三）時点での五大老の年齢は秀家さんが二十七歳だったのに対して、「徳川家康《とくがわいえやす》＝五十七歳」「前田《まえだ》利家《としいえ》＝六十一歳」「毛利《もうり》輝元《てるもと》＝四十六歳」「上杉景勝《うえすぎかげかつ》＝四十三歳」と、秀家さんにとっては一回り以上年上の老練なおじ様ばかりでした。

宇喜多秀家さんは育った環境もだいぶ特殊でして、それもまたプリンス要素かと思われます。

秀家さんは自分が十一歳の時に父（宇喜多直家《なおいえ》）が亡くなってしまったため、家督を継いだものの宇喜多家は重臣たちによって運営がされていました。その一方、秀家さんは、身内が少なかった秀吉に養育されることとなり、元服《げんぷく》を迎えた際には「秀」の一字を与えられ、後に豪姫《ごうひめ》（秀吉の養女。前田利家の娘）を正室に迎えて、豊臣一門の扱いを受けることになっています。

このように「若き日に父を失い、天下人に育てられ、その一門衆に列を連ねるも、天下分け目の戦いで敗れ――」とまさに戦国のプリンスの要素がふんだんに込められている人物なのです。

そして、結末としては「八丈島《はちじょうじま》へ島流し」という厳しい処分が下され、「愛する妻・豪姫との別れ」というのも、またドラマのスパイスになる史実かと思われます。

そんな宇喜多秀家さんですが、関ヶ原本戦では西軍の主力として参戦し、率いていた軍勢は西軍最多の一万七千だったともいわれています。井伊直政《いいなおまさ》と松平忠吉《まつだいらただよし》が抜け駆け（71P参照）をして攻撃したのは、秀家さんの軍勢だったとされ、合戦が始まると福島正則《ふくしままさのり》の軍勢を退かせる活躍を見せたといいます。

島津義弘《しまづよしひろ》や毛利秀元《もうりひでもと》は動かず、小早川秀秋《こばやかわひであき》は寝返り……と頼りにならない西軍の武将たちの中で、最も頼りにされたと思われる宇喜多秀家さんですが、実際は不安要素いっぱいの軍勢だったんです。それは内応や裏切りではありません。実は御家《おいえ》騒動の直後で、有力家臣が宇喜多家を離れて戦力大幅ダウン中、家中はバラバラ状態だったんです！

○〝家中マネジメント〟に失敗？　御家騒動勃発！

先述の通り、宇喜多秀家さんが家督を継いだ頃は、宇喜多家は主に四人の重臣たちによって舵《かじ》取りが行われました。主要メンバーは宇喜多一門の宇喜多忠家《ただいえ》（叔父《おじ》）と譜代《ふだい》家臣の戸川秀安《とがわひでやす》・岡家利《おかいえとし》・長船貞親《おさふねさだちか》でした。

四人は秀吉からも大名クラスの扱いを受けて、備前《びぜん》や備中《びっちゅう》（岡山県）の領地経営にあたりましたが、宇喜多秀家さんが成長するにつれて確執が生まれ始めます。

秀吉が最もかわいがっていた養女の豪姫を正室にもらって養子の立場となり、一五九二年（文禄元）から始まった「朝鮮出兵」の際には、秀吉が「日本の関白《かんぱく》or朝鮮の支配者」の候補として挙げるなど豊臣政権の有力者だった宇喜多秀家さん。しかし、領地では運営を任されていた重臣たちの権力が依然として強烈でした。

そのため、二十歳をオーバーして自立し始めた宇喜多秀家さんは家中の政治を自分の力で行おうと、それまで政務を執っていた譜代家臣たちと距離を取って、自分の側近を宇喜多家の運営にあたらせ始めるんです。

現代でいうならば、「本社の経営を支えるために子会社の方々が必死に頑張っていたのに、本社の社長が大学を卒業して経営に参加し始めると、『私の方針でやりますので』と子会社の方々を本社経営から除外して、さらに子会社に自分のお気に入りの社員を出向させて役員とした」みたいな感じかもしれません。古参メンバーからしたら、宇喜多秀家さんの政治判断に納得できるわけがないのです。ところが、その本社の社長さんは国家（秀吉）の後ろ盾《だて》を持つどえらい権力者ですので歯向かえるわけがありません。

しかし、その事態が急転するのです。そうです、秀吉が病死したのです！

さらに、宇喜多秀家さんと同じく、秀吉の権力を後ろ盾に政務を取り仕切っていた石田三成《いしだみつなり》が襲撃されて引退に追い込まれたではありませんか！

こうして、関ヶ原本戦のわずか八ヶ月前の一六〇〇年（慶長五）一月五日に事件は起こるのです。

宇喜多秀家さんが重用した側近に中村次郎兵衛《なかむらじろべえ》という人物がいました。このお方はもともと前田利家の家臣だったんですが、豪姫の付き人として宇喜多家に仕えることとなった新規の家臣でした。この憎き新参者を宇喜多家から排除しようと、石田三成のそれと同じく、不満を抱く譜代家臣たちが襲撃事件を起こしたのです。

襲撃したメンバーは宇喜多詮家《あきいえ》（忠家の子。秀家の従兄弟《いとこ》。後の坂崎直盛《さかざきなおもり》）や戸川達安《たつやす》（秀安の子）、岡貞綱《さだつな》（家利の子。「越前守《えちぜんのかみ》」とも）、花房正成《はなぶさまさなり》などでした。

側近が暗殺されかけるという衝撃的な事件が起き、宇喜多秀家さんはピンチに陥ります。反対勢力を厳しく処分すればよいのですが、家中でのトラブルは宇喜多秀家さん自身が責任を問われる可能性もあり、重臣たちをみんな処分してしまえば宇喜多家が弱体化することは目に見えていました。かといって処分が甘ければ、家中のギスギスはくすぶったままです。

そんなタイミングで、この「宇喜多騒動」と呼ばれる御家騒動にジャッジを下したのが、豊臣政権の事実上のリーダーであった徳川家康でした。家康にとって、これほど〝オイシイ〟話はありません。前年に「加賀征伐《かがせいばつ》」を企画して前田利長《としなが》（利家の子）を屈服させていた家康は、続いて上杉景勝を討伐《とうばつ》する計画（「会津征伐」）を立てている段階でした。

読者の皆さんだったらどう判決を下すでしょうか？

家康は襲撃犯たちの死罪は免じたものの、首謀者だった戸川達安に流罪という厳しい処分を下しています。それ以外のメンバーの処分はハッキリとわからないんですが、その他の多くは宇喜多家に復帰することになったようです。首謀者だけを厳罰に処した家康の判決ですが、これには家康の策略が施《ほどこ》されていたと思われます。なぜなら、戸川達安の配流先は家康の領地（おそらく岩槻《いわつき》）であり、配流とは建前《たてまえ》で、家康が戸川達安を保護して家臣にしたとも取れるためです。

ともあれ一応こうして宇喜多騒動を終息させた家康は会津征伐を決行。その隙《すき》を突いて、宇喜多秀家さんは毛利輝元や石田三成らとともにアンチ家康の兵を挙げるのです！　ググラ＆フワフワな宇喜多家の運命やいかに⁉

○八丈島で半世紀、最後の「関ヶ原参戦」大名として人生に幕

宇喜多秀家さんは伏見《ふしみ》城の攻撃から伊勢《いせ》に進軍した後、大垣《おおがき》城に移りました。そして、関ヶ原本戦を迎えます。そこで宇喜多家にとって、衝撃の事実が明らかになりました。

なんと宇喜多家の家臣が東軍として参戦していたのです！

東軍に味方していたのは、家康の領地に流罪となっていた戸川達安だけでなく、会津征伐に秀家さんの代理として従軍していた宇喜多詮家、そしてコチラは初登場の花房職之《はなぶさもとゆき》などでした。

戸川達安が本戦にいたかどうか定かではありませんが、加藤嘉明《かとうよしあき》の陣に加わっていたともいわれています。宇喜多詮家は、会津征伐に代理で行っていましたが、秀家さんに不満を抱いていた

こともあり、東軍に味方しました。

また、花房職之は花房正成のはとこ（祖父同士が兄弟）ですが、「宇喜多騒動」が起こる前に宇喜多家を自ら退去（秀家との対立が原因と考えられる）、家康に再雇用されていた人物です。さらに、会津征伐には従軍せずに上方《かみがた》に残っていた花房正成や岡貞綱も、家康の家臣（山岡道阿弥《やまおかどうあみ》）からの調略を受けて、宇喜多秀家さんの挙兵には従わず、宇喜多家から自主的に退去したといいます。

つまり――。本戦に東軍で参加した宇喜多詮家にしろ、上方に残っていて宇喜多家を離れた花房正成と岡貞綱にしろ、「宇喜多騒動」に際して寛大なジャッジ（宇喜多家に復帰）をしてくれた家康に感謝していたため、主君としては信頼の置けない秀家さんを見限って家康を選んだということになります。その後、東軍として参戦した宇喜多詮家は石見《いわみ》の浜田（島根県浜田市）に二万石《ごく》を与えられ、残りの面々は徳川家の旗本《はたもと》として存続しています。

一方、家中をまとめきれずに関ヶ原に参戦して敗れた宇喜多秀家さんは、戦後に薩摩《さつま》（鹿児島）まで逃れて島津忠恒《しまづただつね》（義弘《よしひろ》の子）に保護された後、一六〇三年（慶長八）に出頭。家康のお膝元《ひざもと》である久能山《くのうざん》（静岡県静岡市。後に家康が埋葬された久能山東照宮《とうしょうぐう》が建つ）に幽閉され処分を待ちました。西軍挙兵の首謀者の一人であることから本来なら死罪となるところでしたが、島津忠恒や義兄弟である前田利長らの懇願《こんがん》によって、一六〇六年（慶長十一）に流罪と決まりました。

そして、二人の息子と家臣など十三人で、江戸から二百八十七キロから離れた八丈島（東京都八丈町）に流され余生を過ごすこととなりました。

妻の豪姫も同行することを望んだものの家康に許されず、離縁して実家の前田家に戻されることとなりました。しかし、夫のことを心配して一年おきに食料や衣類などの日常品を八丈島に送っていたといいます。この物資輸送は、豪姫の遺言によりその死後も行われ、明治維新を迎えて宇喜多家が赦免《しゃめん》される頃まで続けられたといわれています。

ちなみに、豪姫の菩提寺《ぼだいじ》である大蓮寺《だいれんじ》（石川県金沢市）には、秀家さんと豪姫の供養塔がある他、豪姫の御位牌《ごいはい》もあります。その御位牌は厨子《ずし》に入れられていますが、その鍵は「船」の形をしています。これは「豪姫さんが死後に海を渡って夫に会えますように」という意味を込めて作られたものだと、案内をしてくれた大蓮寺の方がおっしゃっていました。実に良い話！

さてその後、宇喜多秀家さんは、なんと八十四歳まで生きました。亡くなったのは一六五五年（明暦元）、江戸幕府の将軍は第四代・徳川家綱《いえつな》の時代です。やや皮肉なことですが、関ヶ原本戦に参戦した大名の中で、宇喜多秀家さんが一番長生きをしたということになりました。

ちなみに、八丈島には現在、宇喜多秀家さんが暮らしたという屋敷跡やお墓、豪姫とペアになっている像などがあります。私もお墓参りと史跡巡りをしてきましたが、かつての豊臣政権のプリンスが縁もゆかりもない離島で三十五歳から八十四歳までの四十九年をひっそりと過ごしたと思うと、武家の栄枯盛衰《えいこせいすい》を感じずにはいられませんでした。

八丈島の名産には秦の始皇帝《しこうてい》が〝不老長寿の薬草〟と称したという栄養抜群のアシタバ（別名「八丈草」）が自生しています。なんの根拠もないですが、宇喜多秀家さんの離島での長生きスローライフは、アシタバのおかげだったかも（笑）？　とても素敵な島でした！

織田信長

おだ・のぶなが
一五三四（天文三）〜八二（天正十）

○実は息子たちが関ヶ原に参戦していた⁉

織田信長の弟たち（有楽斎《うらくさい》、信包《のぶかね》）や孫（秀信《ひでのぶ》）が「関ヶ原の戦い」に参加したことはご紹介しましたが、実は四人の息子たちも参戦しているんです！　それぞれ幼名が非常に個性的（ある意味キラキラネーム・笑）で、せっかく（？）なので併《あわ》せてカッコ内でご紹介します。

信長の四人の息子とは、七男の「織田信高《のぶたか》（小洞《こぼら》）」、八男の「織田信吉《のぶよし》（酌《しゃく》）」、九男の「織田信貞《のぶさだ》（人）」、十一男の「織田長次《ながつぐ》（縁）」です。全員西軍として参戦したとされます。

その内、小洞と人は本戦に参加していないものの、西軍に味方してしまい改易《かいえき》。戦後に徳《とく》川家康《がわいえやす》に謁見《えっけん》することが許されると、かつての同盟相手の息子だということで特別に許され死罪を免《まぬが》れたといいます。残りの酌と縁は、なんと関ヶ原の本戦に参陣！　大谷吉継《おおたによしつぐ》軍として、平塚為広《ひらつかためひろ》の部隊に加わっていたといわれています。

大谷吉継軍は、小早川秀秋《こばやかわひであき》の攻撃を受けて壊滅《かいめつ》。酌は、なんとか落ち延びたものの戦後に改易。縁は、平塚為広とともに討ち死にを遂《う》げたそうです。

古戦場を巡る際は、時代に翻弄《ほんろう》されて数奇な運命を歩んだ天下人信長の息子たちにも想《おも》いを馳《は》せてみてはいかがでしょう。

実は他に二回もあった!? 飛鳥と南北朝の「関ヶ原の戦い」

○〝ファースト関ヶ原〟は「壬申の乱」

「関ヶ原の戦い」とは、もちろん一六〇〇年（慶長五）に起きた天下分け目の合戦を指しますが、実はそれ以外にも二回、日本史の流れを大きく変えることになる歴史的な戦いが関ヶ原で起きていたんです！　つまり徳川家康《とくがわいえやす》が勝利した関ヶ原は、実は〝サード関ヶ原〟だったんです。

〝ファースト関ヶ原〟は飛鳥《あすか》時代の六七二年（天武天皇元）に起きた「壬申《じんしん》の乱」で、〝セカンド関ヶ原〟が南北朝時代の一三三八年（延元三／暦応元）に起きた「青野原《あおのがはら》の戦い」です。

「壬申の乱」は歴史の教科書にも登場する「古代最大の内乱」です。

きっかけとなったのは天皇の位をめぐる争い。即位前の名である「中大兄皇子《なかのおおえのおうじ》」でも有名な天智《てんじ》天皇が六七一年（天智天皇十）に亡くなった後、弟の大海人皇子《おおあまのおうじ》と、皇子である大友《おおともの》皇子《おうじ》が皇位をめぐって対立。関ヶ原をはじめ各地で戦いが行われ、近江《おうみ》（滋賀県）での「瀬《せ》田《た》唐橋《からはし》の戦い」で大海人皇子が勝利を収めると、大友皇子は首を吊《つ》って自害。大海人皇子が皇位を継承して天武《てんむ》天皇となりました。

この「皇位」というもの、戦国大名などと同じように「皇子が継ぐことが一般的」と思ってしまいそうですが、実は当時は兄弟が継ぐことが一般的でした。たとえば「聖徳太子《しょうとくたいし》」の名で知られる厩戸皇子《うまやどのおうじ》がサポートした女帝・推古《すいこ》天皇は、兄三人（敏達《びだつ》天皇、用明《ようめい》天皇、崇峻《すしゅん》天皇）が天皇となった後に皇位に就《つ》いています。

　ということは、天智天皇の跡を継ぐのは大海人皇子ということになります。天智天皇もはじめは弟を皇位に就けるために皇太子としていましたが、いつしか自分の子を次期天皇としようと画策し始めるようになりました。

　そのため、身の危険を感じた大海人皇子は出家を願い出て、吉野《よしの》に逃れて隠棲《いんせい》。その後、天智天皇が亡くなると、密《ひそ》かに戦《いくさ》支度をしていた大海人皇子はついに挙兵します！

　大海人皇子は使者を美濃《みの》（岐阜県）へ派遣《はけん》して不破道《ふわのみち》を封鎖。自身も伊賀《いが》・三重（三重県）から美濃に入り野上行宮《のがみあんぐう》を本陣としました。

　不破道の「不破」というのは現在の岐阜県垂井《たるい》町や関ヶ原町の地名のことで、不破道というのは不破郡から近江に抜けるルートを指します。後の中山道《なかせんどう》にあたる主要街道です。

　ここを封鎖して、近江を拠点とする甥《おい》・大友皇子の軍勢が美濃や尾張《おわり》（愛知県）に抜けるのを防ぎ、また逆に甥に加勢するために近江へ向かう軍勢を防ぐことができたのです。

　また、大海人皇子が本陣とした野上行宮があるのも不破道沿いで、現在の関ケ原町に跡地が伝えられています。場所は、徳川家康が関ヶ原で最初に本陣とした桃配山《ももくばりやま》の約一キロ東にあります。ちなみに、桃配山の名前は「大海人皇子が兵士たちに名産の桃を配って士気を高めて勝利を収めた」ことに由来しているといいます。

現在、関ケ原町には大海人皇子が合戦中に兜《かぶと》をかけたという「兜掛石」や沓《くつ》を脱いで足をかけたという「沓脱石」が伝えられています。どちらも福島正則《ふくしままさのり》の陣地跡から二百メートルほど西に行ったところにあります。また、福島正則陣地跡から四百メートルほど南にある井上神社は、地元の人々が建立《こんりゅう》した、大海人皇子を祀《まつ》る神社です。

一方、敗死した大友皇子にまつわる史跡も、激戦の地になった関ヶ原に残されていて、大《おお》谷吉継《たによしつぐ》に従った平塚為広《ひらつかためひろ》の陣地跡から四百メートルほど南には「自害峰《じがいがみね》」があります。おっかない名前が付けられたこの地は大友皇子の首を密かに運んで埋葬した御陵《ごりょう》（お墓）と伝えられています。目印に杉の木が植えられたといわれ、今も「三本杉」が残されています。また、大友皇子はすでに皇位を継承していて弘文《こうぶん》天皇となっていたともいわれているので、ここは「弘文天皇御陵（候補地）」とされています。その百メートルほど東にある「藤下の若宮八幡神社」は弘文天皇が祀られている神社です。

また、自害峰の南側には「黒血川《くろちがわ》」というドキッとする名前の川が流れています。これは「壬申の乱」の激戦で流された血が、川底の岩を黒く染めたという伝承に由来する名前だといわれています。

この「ファースト関ヶ原・壬申の乱」で勝利を収めた大海人皇子（天武天皇）は、翌年に不破道の重要性を改めて感じ、ここに「不破関」という関所を設けました。これが「関ヶ原」の地名の由来とされています。関所の跡地は住宅や田畑になっていますが、今も一部だけ土塁《どるい》が現存しています。

○南北朝を揺るがせた〝セカンド関ヶ原〟

続いて〝セカンド関ヶ原〟となった「青野原の戦い」は、朝廷が二つに分裂していた南北朝時代に起きた戦いです。

一三三三年（元弘三）に足利尊氏《あしかがたかうじ》や新田義貞《にったよしさだ》などの活躍によって鎌倉幕府が滅亡すると、それからは後醍醐《ごだいご》天皇を中心とした政治（「建武《けんむ》の新政」）が行われました。しかし天皇は、武士層の反感を買って足利尊氏と対立。鎌倉を拠点にしていた尊氏は一三三六年（延元元／建武三）に後醍醐天皇に叛旗《はんき》を翻《ひるがえ》して上洛《じょうらく》。後醍醐天皇が比叡山《ひえいざん》に逃れている間に、尊氏は京都を制圧しようとしますが、後醍醐天皇から陸奥《むつ》（福島県・宮城県・岩手県・青森県）に派遣されていた鎮守府《ちんじゅふ》大将軍・北畠顕家《きたばたけあきいえ》が上洛して、味方である楠木正成《くすのきまさしげ》や新田義貞とともに足利尊氏を打ち負かしました。

その後、足利尊氏は九州まで落ち延びてから再起を図り、再び上洛戦を決行。「湊川《みなとがわ》の戦い」（＠兵庫県神戸市）で楠木正成を破って自害に追い込み、京都を制圧することに成功します。

これを受けて、後醍醐天皇が再び比叡山に逃げ込むと、尊氏は天皇に和睦《わぼく》を提案、皇位継承に必要な三種の神器《じんぎ》を光明《こうみょう》天皇に譲らせて、これを即位させます。そして、新政府の政治方針である「建武式目《しきもく》」を制定して室町幕府を開きました。

また、室町幕府の始まりは、それから二年後の一三三八年の足利尊氏の征夷大将軍《せいいたいしょうぐん》の就任という見解もあります。

さて、足利尊氏に屈した後醍醐天皇でしたが、京都から吉野に逃れて、自らの皇位の正統性を内外にアピールしました。すると、後醍醐天皇を支持する勢力がバックアップして、朝廷は二つに分裂したのです。足利尊氏を擁《よう》する「北朝」と後醍醐天皇が率いる「南朝」です。

両陣営は足利尊氏が将軍に就任した年の一月に激突します。それが「青野原の戦い」です。北朝を率いるは後に美濃の守護《しゅご》となる土岐頼遠《ときよりとお》、南朝を率いるのは足利尊氏を京都から一度追い払った北畠顕家でした。

土岐頼遠はお酒で酔っ払った勢いで、光厳上皇《こうごん》（光明天皇の兄）が乗る牛車《ぎっしゃ》に矢を放った逸話でおなじみの〝婆娑羅《ばさら》大名〟の一人として知られています。

また、当時二十一歳だった北畠顕家はNHK大河ドラマ『太平記』で女優の後藤久美子《ごとうくみこ》さんが演じたことなどで〝イケメン貴公子〟というイメージが定着した公卿《くぎょう》の武将です。

北畠顕家は後醍醐天皇からの救援要請を受けて前年から上洛戦を始め、北朝の拠点の一つだった鎌倉を制圧。年が明けるとすぐ、一月二日に鎌倉を出陣して東海道《とうかいどう》を西に進んで京都を目指し、一月二十日に美濃に入りました。

その頃から北畠顕家の背後に、別の北朝軍が迫っていました。それは鎌倉を南朝軍から奪還して、北畠顕家を追撃してきた敵軍でした。なんでも、その敵軍はくじ引きをして攻めかかる順番を決めたといわれています。

そして、一月二十八日にかけて約一週間、青野原の周辺で北朝（迎撃する土岐頼遠と追撃する関東の武士たちなど）と南朝（北畠顕家など）とが合戦を繰り広げたというわけです。土岐頼遠の軍勢は精鋭一千だったのに対して、北畠顕家の軍勢は約五十万……え、五十万⁉

こちらは南北朝時代の『太平記』に記されている数字なんですが、かなり盛って書かれている軍記物なので、北畠顕家軍がそんなにたくさんいたとは思われません。ギネス記録になったGLAYさんのライブ動員数（約二十万人）よりも多いじゃないですか（笑）。

しかし、若きカリスマの公卿武将・北畠顕家のもとに多くの軍勢が集まっていたことは確かでしょう（その分、兵糧《ひょうろう》確保のための進軍中の略奪行為がひどかったという話も……）。

土岐頼遠は持ち前の勇ましさで奮戦するも、多勢に無勢ということもあり北朝は大敗。土岐頼遠は戦後に行方不明（しばらくして帰還）となるほどの激戦となりました。

戦場となった青野原は大垣《おおがき》市から垂井町にかけた一帯です。池田《いけだ》輝政《てるまさ》の陣跡や毛利《もうり》軍の陣跡である南宮山《なんぐうさん》の最寄り駅・JR垂井駅の北東の地域に「青野町」という地名が今も残っています。具体的に激突した場所は不明ですが、おそらくその辺りを中心に戦闘が行われたと思われます。

ちなみに、青野原という地域は〝サード関ヶ原〟の時代の人々も使用していたもので、公家の近衛《このえ》前久《さきひさ》はサード関ヶ原が起きた場所を「青野カ原ニテノ合戦」と記したりしています。おそらく「美濃のあそこらへんで起きた」と聞いて、青野原と思ったんではないでしょうか。

なので、すいません。正確には青野原で起きているので、〝セカンド関ヶ原〟というのは正しい表現とはいえません。ただ、後述しますが、北朝の援軍が関ヶ原の黒血川まで来ていて、北畠顕家は、サード関ヶ原で島津《しまづ》義弘《よしひろ》の軍勢が逃げ延びた方面の伊勢路《いせじ》に入っているので、関ヶ原要素もある、ということでご勘弁ください。

さて、大勝利を収めた南朝の北畠顕家ですが、なぜ、そのまま西に進んで京都を目指さず、伊勢路に入って伊勢（三重県）に向かってしまったのでしょう。またこの時、越前《えちぜん》（福井県）には南朝の主力だった新田義貞がいたので、近江に出てから合流すれば、京都の足利尊氏を倒せる可能性がグンと高まるところでもあったのですが。

その理由には諸説あるんですが、「長期の強行軍で兵士が疲弊《ひへい》していたため」「黒血川を背に北朝の五万の大軍が背水の陣を敷いていて、新手の敵と戦うことはできないと考えたため」「新田義貞と合流して勝利を収めても、手柄が新田義貞のものになってしまうと考えたため」「北畠顕家の軍勢に、新田義貞が滅ぼした鎌倉幕府の執権《しっけん》・北条《ほうじょう》家の遺児（北条時行《ときゆき》）がいたため」などといわれています。

その後、北畠顕家は伊勢から伊賀に、伊賀から後醍醐天皇のいる吉野に入ります。そして、大和《やまと》（奈良県）を制圧する活躍を見せます、しかし、窮地《きゅうち》を脱した形になった北朝が、北畠顕家を討伐《とうばつ》するための大軍を派遣。北畠顕家は北朝軍に敗れて、大和から和泉《いずみ》（大阪府）へと逃れて態勢を整えようとしますが、石津《いしづ》（大阪府堺市）で北朝軍と戦って（「石津の戦い」）討《う》ち死にしています。

さて「これで南朝は滅亡か？」ということではもちろんなく、南北朝時代は三代将軍の足利義満《よしみつ》の時代となる一三九二年（元中九／明徳三）の「南北朝の合一」まで五十七年続いています。さらにそこに、足利尊氏と弟の足利直義《ただよし》の壮大な兄弟ゲンカに、側近の高師直《こうのもろなお》も複雑に入り込んできて揉《も》めに揉める「観応《かんのう》の擾乱《じょうらん》」も絡んでくるので、かなりカオスな時代へと突入していきます。

この時代も非常に面白いので、拙著『ヘッポコ征夷大将軍』を、ぜひご参照くださいませ。

古代最大の内乱だった〝ファースト関ヶ原〟では、引退したと見せかけて機をうかがいつつ挙兵した、客観的に反乱軍として見られる可能性もあった大海人皇子が、関ヶ原を先に抑えて勝利を収めました。〝セカンド関ヶ原〟では、東北から進軍してきた北畠顕家が、地の利のある土岐頼遠を大軍をもって打ち破りましたが、その後のマクロ的な戦略を誤ったため勝利からわずか五ヶ月後に討ち死に。そして、〝サード関ヶ原〟では、西軍の策略で政権から追放された徳川家康が、自分を支持する武将たちを引き連れて、西軍の勢力下だった美濃を制圧していった後に決戦に臨《のぞ》み、勝利を収めました。

まさに三者三様の関ヶ原！

ファースト・セカンド・サードと史跡巡りをすると、今までの三倍以上楽しめそうですね。

青野原の古戦場は、具体的にどこかわかんないけど（笑）。

あとがき

本書を最後までお読みいただき、ありがとうございます！

関ヶ原をめぐる武将たちのドタバタ劇をお楽しみいただけましたでしょうか⁉

「関ヶ原の戦い」は、江戸時代以降に編集され、「小山評定《おやまひょうじょう》」や「問い鉄砲」などなど、フィクション要素を多く含んでいるとも考えられ始めています。近年はその研究がグッと進み、今までとはまったく異なる「関ヶ原の戦い」が生まれ始めています。

ということは、これまでの〝通説・関ヶ原〟だけでも充分楽しかったのに、最新研究による〝新説・関ヶ原〟が誕生することによって、今までの二倍も三倍も、いやそれ以上も関ヶ原の戦いを堪能《たんのう》することができるということです。

もちろん、研究者や歴史好きの皆さんの想《おも》う〝関ヶ原像〟が完全に一致することはないとは思いますが、そんなところもマルッと含めたところが歴史の面白さですね！

私ごとですが、本書の執筆の取材を兼ねて、関ヶ原駅を中心に関ヶ原古戦場を改めて巡り、これまで訪れたことがなかった毛利《もうり》秀元《ひでもと》の陣跡である南宮山《なんぐうさん》を登ってきました。

なかなかタフな登山でして、山頂に着いた頃はヘトヘトでした。ただ、山頂付近に残っている陣の土塁《どるい》や曲輪《くるわ》などの跡を発見するとテンション上がって疲れは吹っ飛びピンピンに！（笑）

大垣《おおがき》城の方角に広がる景色を眺めながら、お弁当を食べてきました。そして、山麓《さんろく》の安国寺恵《あんこくじえ》瓊《けい》と吉川広家《きっかわひろいえ》の陣跡や、南宮山の近くの長《な》束《つか》正家《まさいえ》や長宗我《ちょうそか》部《べ》盛親《もりちか》、池田《いけだ》輝政《てるまさ》などの陣跡をグルっと回ってきました。

もー、楽しかったです！　何より、事前に関ヶ原の戦いを勉強し直してから巡ったのが、充実感を増し増しにしたのかなと個人的に思っています。

本書もまた、読者の皆さんの〝より良い史跡巡り〟の手助けとなってくれたら本望です！

恥ずかしながら私自身も、「全国各地の関ヶ原」のうち、浅井畷《あさいなわて》や三《み》津《つ》浜《はま》、石垣原《いしがきばる》、柳川《やながわ》城に行ったことがないので、本書を片手に今後必ず巡りたいと思っています（笑）。

最後に、本書の出版にあたってご尽力いただいた編集の方やスタッフの皆さま、また、この本を手に取って読んでくださった読者の皆さま、さらに関ヶ原の戦いの研究をし続けてきた研究者の皆さま、そして関ヶ原の戦いに際して様々な業績や逸話を残してくださった戦国武将の皆さんと、それらを語り継いできた先人たちに改めて感謝申し上げます！　ありがとうございました!!

長谷川ヨシテル

【主要参考文献】

『関ヶ原合戦史料集』 藤井治左衛門 新人物往来社
『新視点 関ヶ原合戦 天下分け目の戦いの通説を覆す』 白峰旬 平凡社
『新解釈 関ヶ原合戦の真実 脚色された天下分け目の戦い』 白峰旬 宮帯出版社
『関ヶ原前夜 西軍大名たちの戦い』 光成準治 角川ソフィア文庫
『関ヶ原合戦は「作り話」だったのか 一次史料が語る天下分け目の真実』 渡邊大門 PHP新書
『天下分け目の関ヶ原の合戦はなかった 一次史料が伝える〝通説を根底から覆す〟真実とは——』 乃至政彦、高橋陽介 河出書房新社
『関ヶ原合戦 家康の戦略と幕藩体制』 笠谷和比古 講談社学術文庫
『「関ヶ原」の決算書』 山本博文 新潮新書
『徳川家康と関ヶ原の戦い』 本多隆成 吉川弘文館
『関ケ原合戦 戦国のいちばん長い日』 二木謙一 中公新書
『関ヶ原合戦公式本』 小和田泰経・著 小和田哲夫・監修 学研プラス
『関ヶ原の役 日本の戦史』 旧参謀本部編纂 徳間文庫カレッジ
『関ヶ原合戦始末記 実録天下分け目の決戦』 酒井忠勝・原撰 坂本徳一・訳 教育社新書

ドタバタ関《せき》ヶ《が》原《はら》

2020年8月10日　第1刷発行

著者

長谷川《はせがわ》ヨシテル

発行者

富澤凡子

発行所

柏書房株式会社

東京都文京区本郷2-15-13（〒113-0033）

電話（03）3830-1891［営業］

（03）3830-1894［編集］

DTP

株式会社キャップス

印刷

萩原印刷株式会社

製本

株式会社ブックアート

ISBN978-4-7601-5257-5